LE PEUPLE

ET

L'EMPEREUR

PAR

GUSTAVE CUNEO D'ORNANO

DEUXIÈME ÉDITION

PRIX : 1 FRANC

PARIS

E. LACHAUD ET Cie, ÉDITEURS

4, Place du Théâtre-Français, 4

—

1875

LE PEUPLE ET L'EMPEREUR

LE PEUPLE

ET

L'EMPEREUR

PAR

GUSTAVE CUNEO D'ORNANO

DEUXIÈME ÉDITION

PRIX : 1 FRANC

PARIS

E. LACHAUD ET Cie, ÉDITEURS

4, Place du Théâtre-Français, 4

1875

PRÉFACE

On trouvera que le nom du peuple reparaît bien des fois dans ce livre. Il est incontestable que le nom du peuple y est à chaque page, à chaque ligne. Les hommes d'État à courte vue, les talons rouges de nos ruelles parlementaires en riront peut-être. Rira bien qui rira le dernier.

Depuis que le suffrage universel existe, un élément nouveau s'est introduit dans la politique moderne et l'a transformée. Cet élément nouveau, ce n'est déjà plus « le Tiers-État, » c'est le peuple. Dès 1822, M. de Serre disait, et M. Royer-Collard après lui : « La démocratie coule à pleins bords. » Aujourd'hui, la démocratie nous enveloppe. Il faut se résigner à gouverner avec elle, par elle, pour elle, ou renoncer à exercer une influence quelconque sur le pays.

Quatre partis se disputent la France. Deux d'entre eux reposent sur un principe opposé au principe de la souveraineté nationale; ils ne comptent plus. Sans doute, nous rencontrons encore des légitimistes et des orléanistes. C'est un état-major sans soldats. Dans les campagnes, où sont les gros bataillons électoraux, il n'y a que des impérialistes et des républicains. Rien au milieu.

Visitez un village. La population est divisée en deux camps.

D'un côté, vous trouvez les désœuvrés, les piliers de cabaret, ceux qui n'ont ni sou ni maille, ceux qui envient le bien d'autrui, ceux qui insultent le curé; ceux-là sont-ils légitimistes, impérialistes ou orléanistes ? Rarement. Ils ont, pour la plupart, le portrait de Rochefort ou de M. Gambetta piqué par un clou sur leur muraille nue. Ils sont républicains.

De l'autre, vous trouvez les cultivateurs riches, les ouvriers qui travaillent, ceux qui possèdent quelque bon lopin de terre au soleil, ceux qui n'envient le bien de personne, ceux qui respectent le curé, ou tout au moins ne l'insultent pas; ceux-là sont-ils orléanistes, légitimistes ou républicains? Rarement. Entrez chez eux; ils ont sur leur cheminée le plâtre du « petit caporal; » ils ont, piqué au mur, le portrait de Napoléon III et celui du « petit prince. » Ils sont impérialistes.

Ce sont là les deux seuls partis politiques qui soient représentés dans nos villages et dans nos hameaux.

Or, c'est l'opinion de nos villages et de nos hameaux qui est reine, par la grâce du suffrage universel. Un ambassadeur d'Angleterre disait, dès 1848 : « Avec le suffrage universel, le destin futur de ce pays est entre les mains des paysans. » Il n'y a pas à lever les bras au ciel avec indignation... Cela est ainsi.

Cela étant ainsi, que doit faire tout homme de bon sens? Il doit opter entre ces deux seuls régimes qui se disputent l'adhésion de nos populations des campagnes, c'est-à-dire l'avenir. Il doit choisir entre la République et l'Empire.

Ces deux régimes sont également démocratiques. Seulement, la République, avec l'instabilité qui est dans son essence, ne parvient pas à garantir l'ordre et la sécurité du lendemain à une nation qui compte plus de huit millions d'électeurs. L'Empire, au contraire, y parvient. Or, comme cette nation, qui veut s'enrichir, a besoin d'ordre et de sécurité autant qu'elle a soif de démocratie, l'Empire est le seul gouvernement qui puisse solidement s'établir en France.

Toutes ces vérités brutales s'imposent aux esprits logiques. Encore une fois, n'allez pas gémir et protester contre « la souveraineté du nombre » ou « le despotisme des masses. » Doléances vaines! Pour éviter la souveraineté du nombre, il fallait ne pas commencer par déclarer que la volonté du plus grand nombre fait loi. Pour éviter le despotisme des masses, il fallait ne pas inscrire dans nos Constitutions le principe de l'égalité politique. Ce qui est fait est fait.

Nous qui appartenons à la génération nouvelle, nous prenons la France telle qu'on nous la laisse. Nous voyons que le peuple est souverain; hommes pratiques, nous nous mettons en route avec lui. Nous voyons que sans lui rien n'est durable; conservateurs, nous lui demandons de sanctionner les principes qui nous sont chers. C'est la doctrine de l'appel au peuple.

Cette doctrine a son histoire que nous allons dire. Cette politique a ses traditions que nous allons rappeler. Du temps de nos grands-pères, Napoléon Ier disait:

« Je suis le peuple-Empereur. » Du temps de nos pères, Napoléon III disait : « Mes meilleurs amis sont sous le chaume. » Napoléoniens, nous demeurons fidèles au peuple, convaincus que c'est seulement par l'alliacen du peuple et de l'Empereur que la France peut vivre et reprendre le cours de ses destinées.

G. C. d'Ornano.

Angoulême, ce 17 février 1875.

LE PEUPLE ET L'EMPEREUR

Le peuple français a trouvé dans la Révolution de 89 son affranchissement et ses principes. Il n'y a pas trouvé son gouvernement (1).

Ce gouvernement n'est venu qu'ensuite, c'est l'Empire (2).

(1) Voilà pourquoi la Révolution fit comme Saturne et dévora tous ses enfants. Dès 89, Malouet disait : « J'ai la tête épuisée et le cœur flétri. » Mirabeau : « Oh ! que je suis las et découragé ! » En 1792, Lafayette avoue sa lassitude. A la même époque, Barnave, qui disparaît de la scène, regrette d'avoir quitté son foyer. Vergniaud se dit « las. » Charlotte Corday « désespère. » Mme Roland jette à la liberté son mélancolique adieu. Danton estime « qu'il vaut mieux être un pauvre pêcheur que de gouverner les hommes ; » il se laisse mener à l'échafaud en disant : « L'humanité m'ennuie. » Robespierre se déclare « fatigué par quatre ans de révolution. » Barrère est « saoûl des hommes. » On arrive ainsi, par la Terreur républicaine, à la République du Directoire. Est-ce là le gouvernement qu'appellent les principes de 89 ?

(2) La plupart des républicains le crurent si bien, qu'ils se rallièrent à l'Empire. Sieyès devint président du Sénat, de même que François de Neufchâteau. Treilhard, Roger-Ducos, Garat, Barthélemy, Dubois-Dubays, Cabanis, etc., furent sénateurs. Boulay de la Meurthe, Quinette, Lanjuinais, Boissy d'Anglas, Daunou, Gohier, Letourneur, Lamarque, Chazal, Lebrun, Régnier, Grégoire, Garnier, Fouché, Français, Berlier, Tallien, Fréron, M.-J. Chénier, Thibaudeau, Réal, Albitte, etc., etc., sollicitèrent ou obtinrent des fonctions de l'Empire. (Consultez Thureau-Dangin, *Royalistes et républicains*, p. 134 à 137.)

Seul, en effet, de tous les régimes qui ont été essayés en France, l'Empire a toujours été fondé par le peuple (1).

Seul, l'Empereur a toujours reconnu que la souveraineté du peuple est la source unique de toute légitimité (2).

Le peuple et l'Empereur forment donc la synthèse définitive de notre immortelle Révolution de 89.

L'union du peuple et de l'Empereur a produit tout ce qu'il y a eu de grand dans ce siècle.

Le peuple, qui a créé de son propre mouvement le premier et le second Empire, a toujours aimé l'Empereur.

L'Empereur a toujours aimé le peuple.

C'est ce qu'on verra dans ce livre.

(1) La première République fut proclamée par la Convention nationale, qui émanait du suffrage à deux degrés. La deuxième fut proclamée par les révolutionnaires de Paris. La troisième sortit d'une insurrection parisienne faite en présence et avec le secours indirect des Prussiens. Quant aux Bourbons, ils n'ont jamais sollicité, pas plus que les princes de la maison d'Orléans, l'expression de la volonté nationale.

(2) La Monarchie repose sur le droit divin, principe opposé à celui de la souveraineté nationale. La République, selon ses représentants les plus autorisés, est « au-dessus du suffrage universel. »

I.

« Tout paysan que je rencontrais dans les champs, — raconte Fiévée (1), — m'abordait pour me demander si on avait des nouvelles du général Bonaparte, et pourquoi il ne revenait pas en France. » Le général Bonaparte était en Égypte. « L'imagination populaire, — dit à ce sujet un historien peu suspect d'impérialisme (2), — s'était déjà emparée de cette grande aventure ; elle en avait fait une légende selon laquelle Bonaparte et l'armée d'Italie avaient été *déportés* (3) en Égypte par un gouvernement jaloux de leur gloire. Le mot *exil de Bonaparte* était une formule consacrée dans la plupart des motions populaires. »

Tout à coup, en octobre 1799, on apprend que le général Bonaparte vient de débarquer à Fréjus. Il a providentiellement traversé les croisières anglaises. « Aussitôt on ne voit plus que lui, on ne parle plus que de lui. De Fréjus à Paris, son retour est un triomphe. Voilà l'homme que la foule attend (4). »

(1) *Correspondance avec Bonaparte*, introd., p. 66.

(2) Lanfrey, *Hist. de Napoléon Ier*, tome Ier, p. 429.

(3) Cette expression se trouve textuellement dans la plupart des adresses qui furent envoyées aux Cinq-Cents, à la suite du 30 prairial. Voir, entre autres, le *Moniteur* du 8 juillet 1799.

(4) Thureau-Dangin, *Royalistes et républicains*, p. 131. « La nouvelle du débarquement de Bonaparte, — dit Le Couteulx de

A Lyon, on lui demande, comme à un souverain, la grâce de plusieurs condamnés. A Paris, il morigène le Directoire (1). Le peuple entrevoit le terme de ses souffrances (2). Mais le jeune général cédera-t-il au vœu de la nation tout entière ?

Oui, car Bonaparte est, du premier jusqu'au dernier jour, le soldat du peuple. Cependant, « il hésite. Mais l'opinion s'impatiente. Comment ! Voilà quinze jours que le général est arrivé, et tout n'est pas encore fini (3) ? » Bonaparte cède et prend le pouvoir, « aux applaudissements de la France (4). » La Révolution « rentre dans son lit, »

Canteleu dans ses *Souvenirs,* — produisit une sensation générale, et la France entière fut dans l'attente. Sa marche à travers les départements eut l'air d'un triomphe. » M. de Lescure, *Le 18 Brumaire,* dans *la Revue de France* du 31 octobre 1874.

(1) Qu'avez-vous fait, dit-il aux directeurs, qu'avez-vous fait de cette France que j'avais laissée si brillante? Je vous avais laissé la paix ; j'ai retrouvé la guerre. Je vous avais laissé des victoires ; j'ai retrouvé des revers. Qu'avez-vous fait de cent mille Français que je connaissais tous, mes compagnons d'armes, et qui sont morts maintenant?... Cet état de choses ne peut durer.

(2) « Arrivée au milieu de l'année 1799, la nation a le sentiment qu'elle ne peut attendre plus longtemps. On avait eu jusqu'alors un gouvernement désordonné ; il semble qu'il n'y ait plus de gouvernement. Les impôts qui rentraient mal ne rentrent pas du tout. Les conscrits ne répondent pas à l'appel. L'anarchie atteint un degré inconnu. Des bandes arrêtent les diligences et pillent les caisses publiques. Les partis sont à la fois impuissants et agités, etc. » (Thureau-Dangin, *Royalistes et républicains,* p. 127.) Ce que dit M. Thureau-Dangin, écrivain hostile à l'Empire, et que nous citons avec d'autant plus de plaisir, tous les historiens le répètent.

(3) Thureau-Dangin, *Royalistes et républicains,* p. 131.

(4) Thureau-Dangin, *Royalistes et républicains,* p. 132. Mme de Staël, si haineuse envers le général Bonaparte, dit, dans ses

et le peuple, en possession déjà de ses principes démocratiques, va posséder enfin son gouvernement.

Aussi bien, on le consulte pour savoir si, comme il l'a cru, Bonaparte n'a fait, par ce coup d'État, qu'aider au triomphe de la volonté nationale (1). Quarante jours après le 18 Brumaire, le peuple est appelé à voter sur la nouvelle Constitution. Quinze cents électeurs votent contre Bonaparte ; *trois millions d'électeurs votent pour lui.* Le peuple et le futur Empereur sont d'accord.

Bonaparte est ainsi nommé premier Consul *par la volonté nationale directement consultée.* Mais les pouvoirs qui lui sont octroyés paraissent au peuple lui-même trop précaires. « Depuis quelque

Considérations sur la Révolution : « La majorité des honnêtes gens souhaitait que le général Bonaparte eût l'avantage. » M. Mignet écrit, dans son *Histoire de la Révolution française :* « Le 18 Brumaire eut une popularité immense. » Tous les historiens sérieux en conviennent.

(1) Un homme qu'on ne saurait citer comme un courtisan de l'Empire, le feu duc de Broglie, a écrit, sur le coup d'État du 18 Brumaire, ces quelques lignes citées, dans la *Revue des Deux-Mondes,* par M. Guizot : « Ceux qui n'ont pas vécu à cette époque ne sauraient se faire une idée du profond découragement où la France était tombée dans l'intervalle qui s'écoula entre le 18 fructidor et le 18 brumaire. En rentrant à pleines voiles sous le régime de la Terreur, elle y entrait sans consolation et sans espérance ; la gloire de ses armes était flétrie, etc. ; tous les efforts des honnêtes gens pour user régulièrement de leurs droits avaient été écrasés par la violence ; on n'avait devant soi que le retour d'une anarchie sanglante dont il était impossible de prévoir ni la durée, ni le terme, ni le remède. Le remède, ce fut le 18 Brumaire... Le 18 Brumaire fut une délivrance. »

temps, dit M. Thiers (1), on se demandait si on ne donnerait pas un grand témoignage de gratitude nationale à l'homme qui, en deux années et demie, avait tiré la France du chaos et l'avait réconciliée avec l'Europe, avec elle-même, et déjà presque complétement organisée. Ce sentiment de reconnaissance était universel et mérité. » Le Tribunat et le Sénat proposent donc de proroger les pouvoirs du premier Consul (2).

Mais, fidèle à la doctrine napoléonienne, Bonaparte ne veut rien recevoir que du peuple. « Le suffrage du peuple, dit-il dans son message du 19 floréal an X, m'a investi de la suprême magistrature ; je ne me croirais pas assuré de sa confiance si l'acte qui m'y retiendrait n'était pas sanctionné par son suffrage. » Le peuple est alors consulté conformément à l'arrêté consulaire du 10 mai 1802, ainsi conçu : « Les Consuls de la République, considérant que la résolution du premier Consul est un hommage rendu à la souveraineté du peuple, etc., arrêtent : Le peuple français sera consulté sur cette question : Napoléon Bonaparte sera-t-il consul à vie ? »

(1) Thiers, *Histoire du Consulat et de l'Empire,* tome III, livre IV.

(2) « Le 18 Brumaire fut une délivrance, et les quatre années qui le suivirent furent une série de triomphes, au dehors sur les ennemis, au dedans sur les principes de désordre et sur l'anarchie. Ces quatre années sont, avec les dix années du règne de Henri IV, la meilleure, la plus noble partie de l'histoire de France. » M. de Broglie, cité par M. Guizot, dans la *Revue des Deux-Mondes*.

Le peuple, loyalement et directement consulté, se prononce par plus de 3 millions et demi de suffrages affirmatifs ; et le premier Consul, constant dans ses principes, heureux de voir qu'il est toujours en parfaite harmonie avec le peuple, répond à la députation du Sénat : « Le peuple français veut que ma vie tout entière lui soit consacrée, *j'obéis à sa volonté.* » Tel est le langage de ce souverain que des historiens menteurs ont représenté comme un usurpateur et un despote.

Deux années encore s'écoulent, et le peuple, par ses pétitions, par ses adresses, demande que Napoléon soit le fondateur d'une dynastie nouvelle. Le Sénat propose d'appeler *Empire* ce gouvernement que le peuple veut héréditaire. Sollicité par le Sénat comme par la nation, que répond Napoléon ? Il répond : « Le peuple français n'a rien à ajouter aux honneurs et à la gloire dont il m'a environné ; mais le devoir le plus sacré pour moi, comme le plus cher à mon cœur, est d'assurer à ses enfants les avantages qu'ils ont acquis par cette révolution qui lui a tant coûté. »

Le nouvel Empereur ajoute : « Je soumets à la sanction du peuple la loi de l'hérédité. J'espère que la France ne se repentira jamais des honneurs dont elle environnera ma famille. Dans tous les cas, *mon esprit ne serait plus avec ma postérité le jour où elle cesserait de mériter l'amour et la confiance de la grande nation.* »

Toujours le peuple ! « La grande nation » est le premier souci du grand Empereur. Non-seulement il l'aime, ce peuple, mais il veut que sa postérité l'aime aussi, et il la désavoue en quelque sorte par avance si elle doit cesser de mériter la confiance et l'amour du peuple.

A la même époque, dans son message au Sénat, l'Empereur dit encore : « Nous avons été constamment guidés par cette grande vérité : *que la souveraineté réside dans le peuple français,* en ce sens que tout, tout sans exception, doit être fait pour son intérêt, pour son bonheur et pour sa gloire. »

S'étonnera-t-on maintenant qu'un Empereur, qui parlait ainsi et qui agissait conformément à ses paroles, pût s'écrier au sein du Conseil d'État (1) : « Sachez que ma popularité est immense, incalculable ; partout le peuple m'aime et m'estime. Son gros bon sens l'emporte sur la malveillance des salons et la métaphysique des niais... Il ne connaît que moi. C'est par moi qu'il jouit sans crainte de tout ce qu'il a acquis. C'est par moi qu'il voit ses frères, ses fils indistinctement avancés, décorés, enrichis. C'est par moi qu'il voit ses bras facilement et toujours employés, ses sueurs accompagnées de quelques jouissances. Il me trouve toujours sans préférences et sans injustice. Or, il voit, il touche, il comprend tout cela et rien de plus, rien surtout de la métaphysique. »

Dans le plébiscite qui a lieu sur l'Empire héréditaire, Napoléon obtient plus de trois millions et

(1) Procès-verbaux du Conseil d'État.

demi de suffrages. Les cultivateurs, les ouvriers, se sont pressés en masse autour des registres de vote (1), et lorsque le Sénat se rend à Saint Cloud, pour lui faire connaître les résultats de ce dernier plébiscite, l'Empereur, songeant à ce peuple dont toutes les pensées sont tournées vers lui et dont l'amour se manifeste avec une fidélité si touchante, l'Empereur s'écrie : « Je monte au trône où m'ont appelé les vœux unanimes du Sénat, du peuple et de l'armée, le cœur plein du sentiment des grandes destinées *de ce peuple* que, du milieu des camps, j'ai le premier salué du nom de grand. Depuis mon adolescence, mes pensées tout entières lui sont dévolues ; et, je dois le dire ici, mes plaisirs et mes peines ne se composent plus aujourd'hui que *du bonheur ou du malheur de mon peuple.* »

Hélas ! après toutes les prospérités, après toutes les grandes créations de l'Empire (2), après le Code Napoléon qui maintint la propriété dans les mains du peuple, après toutes ces guerres pleines de gloire soutenues contre la coalition des oligarchies européennes, le malheur vient à son tour. Mais le peuple et l'Empereur se retrouvent, on va le voir, dans l'infortune, aussi fidèles qu'ils l'ont été l'un envers l'autre dans le bonheur.

(1) Voir l'*Histoire du Consulat et de l'Empire*, de M. Thiers, tome III, livre IV.

(2) Tout notre système administratif et judiciaire remonte à Napoléon Ier. On n'a pu rien y changer encore. C'est grâce à ces institutions que la France a vécu sous Louis XVIII, sous Charles X, sous Louis-Philippe, sous Ledru-Rollin et sous Cavaignac.

Trahi dans Paris, après son immortelle campagne de France, l'Empereur doit s'incliner devant la coalition triomphante. Il embrasse une dernière fois ses aigles devant ses grenadiers qui pleurent, et il part pour l'île d'Elbe avec quelques vieux grognards de la grande armée (1). On met un Bourbon à sa place, sans consulter la nation (2). Mais qu'est-ce qu'un Bourbon, avec sa Charte « octroyée, » peut faire de ce peuple imbu de démocratie et habitué, durant plus de dix années, à trouver sur le trône un héros sorti de ses rangs, respectueux de la souveraineté nationale et toujours attentif à ses besoins?

L'Empereur revient, et son retour rappelle le retour d'Égypte. Dès qu'il pose le pied sur le sol français, la France tressaille. Sur son passage, les populations accourent toutes pour le voir, pour toucher sa redingote légendaire et son petit chapeau. Les régiments envoyés à sa rencontre pour

(1) « Cette scène mémorable des *adieux de Fontainebleau* eut quelque chose de déchirant par l'émotion qui, pour la première fois, attendrit devant ses compagnons d'armes le visage de Napoléon. Il pleurait; ils pleurèrent aussi; cette douleur commune des premiers soldats et du premier capitaine de l'Europe fut sublime. » De Norvins, *Histoire de Napoléon,* tome IV, p. 190.

(2) « Louis XVIII *octroie* une Charte en vertu du pouvoir constituant qu'il prétend lui appartenir. Aussi la Charte décrit-elle les droits qu'elle *accorde* au peuple. Elle ne parle pas de l'hérédité du trône ni des droits de la dynastie. Ce silence impérieux explique la concession et révèle la prétention d'un pouvoir préexistant, supérieur, indépendant de la nation. » Pailliet, *Constitutions françaises,* p. 300.

le faire prisonnier lui servent d'escorte. Le peuple a retrouvé son Empereur.

On s'étonne de cette fidélité populaire ; mais Napoléon, qui la trouve toute naturelle, fait alors à Benjamin Constant cette réponse que celui-ci nous rapporte lui-même dans ses *Mémoires sur les Cent-Jours* : « Le peuple, ou, si vous l'aimez mieux, la multitude ne veut que moi. Ne l'avez-vous pas vue, cette multitude, se pressant sur mes pas, se précipitant du haut des montagnes, m'appelant, me cherchant, me saluant ? A ma rentrée de Cannes ici, je n'ai pas conquis, j'ai administré... Je ne suis pas seulement, comme on l'a dit, l'Empereur des soldats, *je suis celui des paysans et des plébéiens*... Aussi vous voyez le peuple revenir à moi ; il y a sympathie entre nous. Ce n'est pas comme avec les privilégiés ; la noblesse m'a servi, elle s'est lancée en foule dans mes antichambres, il n'y a pas de places qu'elle n'ait acceptées, demandées, sollicitées. J'ai eu des Montmorency, des Noailles, des Rohan, des Beauveau, des Mortemart. Mais il n'y a jamais eu analogie. Le cheval faisait des courbettes, il était bien dressé, mais je le sentais frémir. Avec le peuple, c'est autre chose ; la fibre populaire répond à la mienne ; je suis sorti des rangs du peuple ; ma voix agit sur lui. Voyez ces conscrits, ces fils de paysans ; je ne les flattais pas, je les traitais durement ; ils ne m'entouraient pas moins, ils n'en criaient pas moins : *Vive l'Empereur !* C'est qu'entre eux et moi il y a même nature. »

Après avoir ainsi parlé au député surpris, l'Empereur répète la même vérité dans sa proclamation du 24 mai 1815, en ces termes : « L'amour de la patrie et le sentiment de l'honneur national se sont conservés tout entiers dans le peuple des villes, les habitants des campagnes et les soldats de l'armée. » En effet, tandis que les députés abandonnent l'Empereur, le peuple, avant comme après Waterloo (1), lui demeure pieusement fidèle. A Waterloo, un soldat s'approche de son Empereur et lui dit : « Sire, on *nous* trahit. » Ce « nous, » qui confond dans une même cause le peuple et l'Empereur, abandonnés l'un et l'autre par la bourgeoisie égoïste et par tous ceux qui étaient repus, n'est-il pas sublime de confiance et d'amour ?

Aussi un historien (2) peut-il dire avec raison : « Pour ces hommes-multitude, Napoléon, c'est le *petit caporal*, le *petit tondu*. Il est petit, parce qu'il est de la foule ; il est caporal, parce qu'il est peuple et soldat. Regardez son cou dans les épaules, sa poitrine bombée, il a l'air, cet Empereur, de porter sur le dos le sac du fantassin. Mais, sous son humble habit, il cache une puissance illimitée, celle du nombre et du génie. Il est immortel. Il apparaît la nuit aux sentinelles endormies. Il passe comme un fantôme dans l'ombre des avant-postes, car il est la première et impérissable sentinelle de l'honneur français. »

(1) Lire la note 1 de la page 57.

(2) H. Castille, *Napoléon Ier*.

Cette sentinelle est une dernière fois désarmée par la coalition européenne. Le peuple français serait devenu trop grand si son Empereur, qui était un roi sorti de ses entrailles, lui avait été laissé. On enchaîne l'Empereur à Sainte-Hélène, à plus de mille lieues de la France ; mais, là, Napoléon songe encore à son peuple. « Je désire, murmure-t-il, reposer sur les bords de la Seine, au milieu de ce peuple français que j'ai tant aimé. » Et voici les dernières paroles que « ce roi des paysans et des plébéiens, » prisonnier de l'Europe, lègue à son fils :

« Dites à mon fils qu'il se rappelle avant tout qu'il est Français ; qu'il donne à la nation autant de liberté que je lui ai donné d'égalité. La guerre étrangère ne me permit pas de faire tout ce que j'aurais fait à la paix générale. Je fus perpétuellement en dictature ; mais je n'eus qu'un mobile dans toutes mes actions, l'amour et la gloire de la grande nation. Qu'il prenne ma devise : *Tout pour le peuple français,* puisque *tout ce que nous avons été c'est par le peuple.* »

Puis il mourut.

II.

Mais son idée ne mourut pas (1).

Déjà, la reine Hortense, cette fille adoptive de l'Empereur, s'est identifiée à la politique de l'Empire. Ainsi, en 1813, quand l'horizon de la France s'assombrit, la reine Hortense prie son mari, qui est à Naples, de venir se réunir à tous les Français pour la défense de son pays. « Voilà comment il faut reconnaître, écrit-elle, tout ce que ce peuple a fait pour notre famille. » Un historien (2), qui cite ces paroles, ajoute : « Ce mot de *peuple* est constamment à la bouche de la reine. Jamais elle n'oublie que sa famille doit tout au peuple, qu'elle n'est quelque chose que par lui seul, et sans cesse elle lui rapporte tout avec reconnaissance. »

C'est aussi la même femme qui écrit dans ses *Mémoires*, en 1832 : « Quant au peuple, s'il se rappelle sa gloire, sa force, sa grandeur et la sollicitude constante dont il fut l'objet, notre souvenir

(1) On croyait cependant que, l'Empereur étant mort, c'en était fait de l'Empire. Ainsi, M. Louis Blanc écrivait encore, en 1846, dans son *Histoire de dix ans* : « C'était parce que l'œuvre de l'Empereur était *finie*, sa mission *épuisée*, qu'on avait laissé mourir l'Empereur sur ce rocher où, selon le mot de Châteaubriand, on l'apercevait de toute la terre. »

(2) *Hist. populaire de Napoléon III*, par MM. de Cassagnac. (Lachaud et Cie, éditeurs.)

lui sera toujours cher. J'en ai la conviction, et cette pensée est la plus douce consolation qu'on puisse conserver dans l'exil, comme emporter avec soi dans la tombe. »

C'est elle enfin qui laisse à son fils ce grand et dernier conseil : « Le peuple, qui donne, a le droit d'ôter. Les Bourbons, qui se croient propriétaires, peuvent prétendre réclamer la France comme un bien. Les Bonaparte doivent se rappeler que *toute puissance leur vient de la volonté populaire*. Ils doivent en attendre l'expression et s'y conformer, leur fût-elle contraire. »

On le voit, la tradition démocratique de Napoléon Ier n'est pas perdue. Le peuple et l'Empereur sont toujours unis dans la même pensée, et d'Amérique même la voix d'un Bonaparte exilé vient tout à coup, en 1830, proclamer solennellement ce grand principe de la souveraineté du peuple, nié par les royalistes, trahi par les républicains, conservé religieusement par les partisans de l'Empire.

Deux cent vingt et un députés ont donné la couronne à Louis-Philippe, sans consulter la nation. Le roi Joseph adresse aussitôt de New-York à la Chambre des députés la protestation suivante : « Il n'y a de légitimes sur la terre que les gouvernements avoués par les nations ; les nations seules ont des droits ; les individus, les familles particulières ont seules des devoirs à remplir. La famille Bonaparte a été appelée par 3 millions 500 mille votes ; si la nation croit dans son intérêt devoir faire un autre choix, elle en a le pouvoir et le droit, mais elle seule. Napoléon II a été proclamé par la Chambre des députés de 1815, qui a reconnu en lui un droit conféré par la nation. J'accepte pour lui toutes les modifications conférées par la Chambre de 1815, qui fut dissoute par les baïonnettes étrangères ; j'ai des données positives pour savoir que Napoléon II serait digne de la France ; c'est comme Français surtout que je désire que l'on reconnaisse les titres incontestables qu'il a au trône, tant que *la nation n'aura pas adopté une autre forme de gouvernement*. Seul, pour être légitime dans la véritable acception du mot, c'est-à-dire légalement et volontairement élu par le peuple, il n'a pas besoin d'une nouvelle élection. Toutefois, la nation est maîtresse de confirmer ou de rejeter des titres qu'elle a donnés, *si telle est sa volonté*. »

N'est-ce pas toujours la même doctrine démocratique ? « Le peuple, qui donne, a le droit d'ôter. » Le roi Joseph développe la même pensée que la reine Hortense, la même pensée que Napoléon Ier ; et cette pensée n'est-elle pas aussi flatteuse pour le peuple qui la justifie que pour la dynastie qui conserve cette confiance et cet amour de « la grande nation ? »

Le Roi de Rome, Napoléon II, est mort à vingt-deux ans, en Autriche, captif comme l'était son père à Sainte-Hélène, et sans que le peuple français ait pu l'adopter. La grande tradition est-elle rompue ? Non, certes ! Nous allons voir surgir, maintenant, au profit de l'idée napoléonienne, un apôtre obstiné, convaincu, intrépide, grâce auquel le peuple, privé de sa souveraineté depuis 1815, et tenu en tutelle par des Assemblées issues du suffrage restreint, reconquerra ses principes et retrouvera son gouvernement.

III.

En 1835, on proposait une couronne à celui qui devait s'appeler Napoléon III, c'était la couronne de Portugal. Le neveu de Napoléon Ier, le fils de la reine Hortense, le prince Louis-Napoléon Bonaparte n'est pas libre d'accepter. Ne se doit-il pas à la France ? Il n'a les yeux tournés que vers elle; et, reconnaissant, dès le premier jour, comme Napoléon Ier, que « c'est le peuple qui donne, » le futur Empereur, en refusant la couronne de Portugal, adresse aux journaux une lettre dans laquelle nous lisons ceci : « J'attends que *le peuple* rappelle dans son sein ceux qu'exilèrent, en 1815, douze cent mille étrangers. »

Puis, las d'attendre que le roi Louis-Philippe se résigne à consulter la nation, le prince Louis Bonaparte fait sa tentative de Strasbourg. Dans cette tentative, que cherche-t-il ? Il cherche à rendre au peuple le libre exercice de sa souveraineté (1). « Fier de mon origine populaire, dit-il dans sa première proclamation, je m'avance *comme le représentant de la souveraineté du peuple.* »

(1) « Que ce respect pour le principe de la souveraineté populaire fût, de la part du jeune prince, parfaitement sincère et loyal, rien de plus certain. » Louis Blanc, *Histoire de dix ans*, tome V, p. 115.

Dans sa proclamation à l'armée, il dit encore : « Protéger *les droits du peuple*, voilà quelle est votre mission (1). » Dans sa proclamation aux Alsaciens, il ajoute enfin : « Mon drapeau ne s'incline que devant *la majesté du peuple*... Avec un grand peuple, on fait de grandes choses. J'ai une foi entière dans le peuple français. »

Louis-Philippe n'ose pas même poursuivre cet adversaire qui conteste la légitimité de son gouvernement à base étroite et qui, ne recherchant ni la violence, ni l'usurpation, ne demande qu'une chose : l'appel au peuple. Mais la tentative avortée de Strasbourg a donné aux esprits un nouvel élan. On reparle plus que jamais de l'Empereur. On songe plus que jamais au martyr de Sainte-Hélène, et, dans toutes les chaumières, l'image du *petit caporal* fait couler les larmes des vieillards ou grave dans le cœur des enfants l'amour de ce roi des paysans, de ce roi des plébéiens qui promena triomphalement le peuple français dans toutes les capitales de l'Europe.

Louis-Philippe rêve alors de se hausser grâce à la popularité de Napoléon. Il décide que les cendres de l'Empereur seront rapportées en France, et qu'enfin, comme il l'a voulu, l'Empereur Napoléon Ier dormira au milieu de ce peuple français qu'il a tant aimé.

(1) Les républicains ne sont pas de cet avis. « L'armée est un chancre qui nous dévore, » disent-ils. Le mot est de M. Garnier-Pagès.

Le catafalque qui contient les cendres de l'Empereur fait son entrée dans Paris le 15 décembre 1840. Tous les témoins de cette émouvante cérémonie disent qu'un immense frisson courut alors dans cette foule qui voulait saluer César. Malgré la neige, plus de cinq cent mille personnes sont là, muettes, fascinées, pleines d'une religieuse émotion, et des sanglots éclatent quand paraît le cercueil de cet Empereur qui est mort martyr pour la cause du peuple (1).

Mais, avant que le retour des cendres n'ait donné une poésie nouvelle à la légende impériale, le fils de la reine Hortense a fait une seconde tentative pour rendre à la France l'exercice direct de la sou-

(1) « Jamais de si innombrables multitudes ne s'étaient pressées ans les flancs de la capitale. De cinquante lieues à la ronde, es villes, les villages, les bourgades avaient versé sur la Seine oute leur population, hommes, femmes, enfants et vieillards, ous entassés pendant de longues heures sous un froid de dix derés, pour jeter un coup d'œil passager sur le char qui portait ur divinité. Et, quand le char se montrait, les sanglots éclataient, êlés à des cris d'amour, et l'âme de tout un peuple se confonait en un seul sentiment d'inexprimable ivresse... Plusieurs es invalides qui formaient la haie sur le passage du corps s'étaient genouillés malgré la consigne; d'autres essuyaient des larmes oulant sur leur paupière... Ce jour fut un grand enseignement our ceux qui accusent les peuples d'ingratitude et d'oubli. Il ontra surtout combien avait encore de puissance le nom de apoléon, combien il parlait haut à l'imagination des Français. n ministre de l'intérieur avait dit : « Napoléon fut le souverain gitime de la France. » La nation tout entière venait de le reire avec bien plus d'éloquence encore par son enthousiasme, s joies et ses attendrissements. » Élias Regnault, *Histoire de uit ans*, tome Ier, p. 425.

veraineté. Il a une seconde fois échoué. De Boulogne cependant il a adressé au peuple une proclamation dans laquelle on lit : « Vous toutes, classes laborieuses et pauvres, qui êtes en France le refuge de tous les sentiments nobles, souvenez-vous que c'est parmi vous que Napoléon choisissait ses lieutenants, ses maréchaux, ses ministres, ses princes, ses amis, et appuyez-moi de votre concours. »

L'heure n'est pas venue. Celui qui s'appellera l'Empereur Napoléon III, celui qui voulait déjà que la nation intervînt enfin dans le choix de son gouvernement, est arrêté par les agents d'un roi que quelques députés ont placé sur le trône de France. Cette fois, on ne se borne pas à déporter en Amérique le prince Louis-Napoléon Bonaparte, on lui fait son procès devant la Cour des pairs, où le fils de la reine Hortense se retrouve en face des anciens lieutenants de Napoléon Ier.

Là, devant cette Assemblée dont les pouvoirs qui n'ont pas leur source dans le peuple ne lui paraissent dès lors pas légitimes, le prince Louis Bonaparte présente, non pas sa défense, mais sa profession de foi. « Depuis cinquante ans, s'écrie-t-il, depuis cinquante ans que le principe de la souveraineté du peuple a été consacré en France par la plus puissante révolution qui se soit faite dans le monde, jamais la volonté nationale n'a été proclamée aussi solennellement, n'a été constatée par des suffrages aussi nombreux et aussi libres que pour l'adoption des Constitutions de l'Empire. La nation n'a jamais révoqué ce grand acte de la souveraineté, et l'Empereur l'a dit : tout ce qui a été fait sans elle est illégitime. »

Le prince Louis Bonaparte ajoute : « J'ai pensé que le vote de quatre millions de citoyens qui avaient élevé ma famille nous imposait au moins le devoir de *faire appel à la nation* et d'interroger sa volonté... La nation eût répondu : République ou Monarchie, Empire ou Royauté. De sa libre décision dépend la fin de nos maux, le terme de nos discussions. » On le voit, c'est toujours à la souveraineté du peuple que fait appel l'héritier de Napoléon Ier, fidèle au testament politique de l'Empereur.

Condamné à la prison perpétuelle pour avoir essayé de défendre les droits du peuple, le prince Louis-Napoléon est enfermé dans la citadelle de Ham. A quoi songe alors le futur Empereur dans sa prison? Il songe au peuple. Il écrit ainsi, du fort de Ham, le 21 octobre 1843, au *Journal du Loiret,* qui se hâte de la reproduire, une lettre qui contient les déclarations que voici : « Je n'ai jamais cru, je ne croirai jamais que la France soit l'apanage d'un homme ou d'une famille; je n'ai jamais revendiqué d'autres droits que ceux de citoyen français, et je n'aurai jamais d'autre désir que celui de voir le peuple entier, réuni dans ses comices, choisir en toute liberté la forme de gouvernement qui lui convient. Issu d'une famille qui doit son élévation à la volonté nationale, je mentirais à mon origine, à ma nature, et jusqu'au bon sens, si je ne reconnaissais la souveraineté du peuple comme la base de tout l'organisme politique... »

Qu'y a-t-il de plus démocratique, de plus conforme aux principes de 89 ? Ce prince que l'on représente comme un conspirateur conspire, c'est vrai, mais pour le peuple. Il suit la doctrine de Napoléon Ier, de la reine Hortense et du roi Joseph, doctrine qu'il a exposée dans ses *Idées napoléoniennes*. Il veut que le peuple reprenne ses droits ; tous les véritables amis du peuple ne doivent-ils pas être avec lui ?

Aussi les philosophes et les écrivains de la démocratie vont le visiter dans sa prison de Ham (1). Et, le 26 novembre 1844, George Sand lui écrit : « *Le peuple est, comme vous, dans les fers.* Le Napoléon d'aujourd'hui est celui qui *personnifie les douleurs du peuple,* comme l'autre personnifiait ses gloires. »

C'est encore à Ham que le futur Empereur expose ses idées politiques en ces termes : « La République serait mon idéal, mais j'ignore si la France est républicaine. Je vois dans son histoire les deux éléments monarchique et républicain exister, se développer simultanément. *Si le pays m'appelle un jour, je lui obéirai, j'aiderai le peuple à rentrer dans ses droits, à trouver la formule gouvernementale des principes de la Révolution* (2). »

Tel est toujours le noble mobile qui pousse le

(1) Élias Regnault, *Histoire de huit ans,* tome Ier, ch. IX.
(2) Taxile Delord, *Histoire du second Empire,* tome Ier, p. 45.

futur Empereur. Nous l'avons dit en commençant, il faut « trouver la formule gouvernementale des principes de la Révolution. » Or, cette formule existe dans l'Empire. L'Empire seul peut « faire rentrer le peuple dans ses droits. » Louis-Napoléon Bonaparte y travaille, et le succès va bientôt couronner ses efforts. On le verra par la suite de cette étude.

IV.

La monarchie bourgeoise, la monarchie de suffrage restreint tombe, le 24 février 1848, devant une insurrection parisienne. Au Corps législatif et à l'Hôtel-de-Ville, quelques députés se font acclamer membres du gouvernement par une foule incompétente. On jette, du haut des fenêtres, un certain nombre de petits papiers portant les noms des nouveaux dictateurs. On proclame la République, sans demander à la France si cela lui convient. Mais, malgré ces désirs de dictature jacobine, le suffrage universel remplace désormais le suffrage restreint.

Or, du moment que le peuple a la parole, ce n'est pas la République qui doit triompher, mais l'Empire. Aussi quatre départements (1) commencent par choisir pour représentant du peuple, malgré la proclamation de la République et malgré les lois de proscription, l'ancien captif de Ham, l'héritier de la tradition napoléonienne, Louis-Napoléon Bonaparte (2).

(1) Seine, Yonne, Corse et Charente-Inférieure. (Élections des 4 et 18 juin 1848.)

(2) « Je viens d'apprendre à l'instant le résultat officiel des élections de Paris. Louis-Napoléon Bonaparte a été élu d'une manière *inattendue*... Son nom a été reçu à l'Hôtel-de-Ville, me dit-on, avec enthousiasme par la foule. » *Journal* de M. le marquis de Normanby, ambassadeur d'Angleterre.

Les républicains s'indignent. Le peuple a-t-il le droit de choisir Napoléon? Non pas! Car, si Napoléon peut être élu, c'en est fait d'eux (1). Aussi le futur Empereur, l'élu de plusieurs départements (2), est réduit (3) à donner sa démission et à quitter de nouveau la France.

Mais il a dit, en s'en allant : « Si le peuple m'imposait des devoirs, je saurais les remplir; » le peuple ira le chercher de nouveau sur la terre d'exil. Cinq départements le choisissent, en effet, le 17 septembre 1848, pour leur représentant (4). Il faut bien que la République s'incline, et le prince Louis-Napoléon Bonaparte rentre, la tête haute, dans cette Assemblée républicaine qui avait songé à l'exclure.

L'élection pour la présidence de la République arrive. Cavaignac qui pose sa candidature occupe

(1) « Il semblait qu'au seul nom de Bonaparte la République allait disparaître dans une échauffourée. » V. Pierre, *Histoire de la République de 1848*, p. 343.

(2) « Ces arrêts du suffrage universel ne dénonçaient-ils pas à la République une réaction imposante de l'opinion, le discrédit de ses œuvres et de ses hommes, un appel désespéré même à l'inconnu? Remonter le courant du scrutin populaire, morigéner ses volontés ou ses caprices, devient dès lors l'unique préoccupation de la Commission exécutive. » V. Pierre, *Histoire de la République de 1848*, p. 339.

(3) « On ne saurait douter que l'opinion publique n'ait été très indisposée contre la Commission exécutive par l'ordre arbitraire qu'elle a donné, comme on en est informé, d'arrêter Louis-Napoléon Bonaparte. Cet ordre ressemblait trop à un acte de l'ancien Comité de salut public, etc. » *Journal* du marquis de Normanby.

(4) Seine, Corse, Moselle, Yonne et Charente-Inférieure.

encore le pouvoir. Tous les fonctionnaires sont dans sa main. Les classes bourgeoises le soutiennent; son succès paraît certain. Mais on a compté sans les campagnes (1). Louis-Napoléon n'a pour lui ni les journaux parisiens, ni les bourgeois républicains, ni l'aristocratie du nom ou de la finance; il a pour lui le peuple (2), le « menu peuple, » selon l'expression dédaigneuse d'un journal républicain de ce temps-ci. « Dans les campagnes, dans les petites villes, — dit un historien peu favorable à l'Empire (3), — le nom de Napoléon excitait un véritable enthousiasme; des troupes d'électeurs se rendaient au scrutin, drapeaux déployés, curés en tête, et criant : *Vive Napoléon! Vive l'Empereur!* » Napoléon réunit sur son nom plus de cinq millions et demi de suf-

(1) « L'influence de l'*imprévu* ne s'est jamais montrée si frappante qu'en ce qui concerne la personne de Louis-Napoléon Bonaparte... Avec le suffrage universel, *le destin futur de ce pays est entre les mains des paysans,* s'ils savent seulement deux choses : ce qu'ils veulent et ce qu'ils peuvent. » *Journal* du marquis de Normanby, ambassadeur d'Angleterre.

(2) « Voici un fait que je tiens de M. Molé : Larcy, légitimiste du Midi, s'était d'abord vigoureusement opposé à la candidature de Bonaparte; il avait prétendu, quelques jours auparavant, que cette idée n'avait fait aucun progrès dans le Midi; il a annoncé, depuis, qu'elle avait *rallié tous les paysans,* que cette candidature leur paraissait le seul moyen de se débarrasser de la République rouge, la seule qu'ils connussent, etc. Cette lettre a été montrée à Dufaure, qui a répondu : « Nous en recevons de pareilles de toutes les parties de la France, mais... et il a haussé les épaules, comme pour dire : Il est trop tard. » *Journal* du marquis de Normanby, ambassadeur d'Angleterre.

(3) M. J. Chantrel. *Histoire contemporaine.*

frages. Ses adversaires républicains, Cavaignac, Ledru-Rollin, Raspail et Lamartine, n'atteignent pas, tous ensemble, le tiers de ces suffrages donnés à un seul. Il y a neuf mois à peine que la République est née !

Dans sa profession de foi pour l'élection à la présidence, Louis-Napoléon avait dit : « Quel que soit le résultat de l'élection, *je m'inclinerai devant la volonté du peuple.* » C'est toujours, on le voit, le même respect des droits de la souveraineté nationale. Dans toute la carrière de celui qui va bientôt s'appeler Napoléon III, le principe impérialiste de la souveraineté du peuple se retrouve ; il est dans tous ses discours, dans tous ses actes. Ici, les documents abondent. Il faudrait reproduire toutes les paroles (1), citer toutes les actions (2) de l'élu de la France ; nous devons nous borner à n'envisager qu'à vol d'oiseau cette existence vouée au peuple (3).

Dans les voyages que le Prince-Président entreprend, à cette époque, de 1849 à 1851, pour connaître les besoins du pays, nous retrouvons

(1) Lire les *Discours, Messages et Proclamations de l'Empereur*, 1 vol. in-8°, chez Plon, éditeur à Paris.

(2) Lire l'excellente brochure d'un ouvrier (A. Bradier) sur *Les Bienfaits de l'Empire*. Édition populaire à 25 centimes, chez Lachaud, éditeur à Paris. Lire aussi le récent opuscule de M. A. Duruy, *Comment les Empires reviennent*. (Lachaud, éditeur.)

(3) « De tous les princes qui régnèrent sur la France, sans en excepter Henri IV, Napoléon III a le plus aimé le peuple, a le plus fait pour lui, et le peuple le sait. » Cormenin, *Pamphlets*, édition de 1870, p. 327.

sans cesse dans ses discours la confirmation du principe populaire qu'il représente. « La France, dit-il à l'inauguration du chemin de fer de Dijon (1), la France ne veut ni le retour à l'ancien régime, quelle que soit la forme qui le déguise, ni l'essai d'utopies funestes et impraticables. C'est parce que je suis l'adversaire le plus naturel de l'un et de l'autre qu'elle a placé sa confiance en moi. »

Le 9 juin 1850, à l'inauguration du chemin de fer de Creil à Saint-Quentin, le Prince-Président, après avoir remis des livrets de caisse d'épargne aux ouvriers, s'exprime ainsi : « Je suis heureux de me trouver parmi vous, et je recherche avec plaisir les occasions qui me mettent en contact avec ce grand et généreux peuple qui m'a élu ; car, chaque jour me le prouve, *mes amis les plus sincères, les plus dévoués ne sont pas dans les palais, ils sont sous le chaume ;* ils ne sont pas sous les lambris dorés, *ils sont dans les ateliers et dans les campagnes*. Je sens, comme disait l'Empereur, que ma fibre répond à la vôtre, que nous avons les mêmes intérêts et les mêmes instincts. »

Au banquet qui suit cette inauguration, Louis-Napoléon prononce le discours suivant, qui montre avec quelle scrupuleuse fidélité le nouveau chef

(1) Taxile Delord, *Histoire du second Empire*, tome Ier, p. 222. Nous citons M. Delord de préférence à tous les autres historiens du second Empire, précisément à cause du parti-pris de haine qu'il montre, dans son histoire-pamphlet, contre l'Empereur Napoléon III.

de l'État se conforme à la tradition napoléonienne : « La mission que j'ai à remplir, aujourd'hui n'est pas nouvelle ; on sait son origine et son but. Lorsque, il y a quarante-huit ans, le premier Consul vint en ces lieux inaugurer le canal de Saint-Quentin, comme aujourd'hui je viens inaugurer le chemin de fer, il vous disait : « Tranquillisez-vous, les orages sont passés. Les grandes vérités de notre Révolution, je les ferai triompher ; mais je réprimerai avec une égale force les erreurs nouvelles et les préjugés anciens en ramenant la sécurité, en encourageant toutes les entreprises utiles. Je ferai naître de nouvelles industries pour enrichir nos champs et *améliorer le sort du peuple.* » Il n'y a qu'à regarder autour de vous pour voir s'il a tenu parole. Eh bien ! encore aujourd'hui ma tâche est la même, quoique plus facile. De la Révolution, il faut prendre les bons instincts et combattre hardiment les mauvais. Il faut *enrichir le peuple* par toutes les institutions de prévoyance et d'assistance que la raison approuve, et le bien convaincre que l'ordre est la source première de toute prospérité. Mais l'ordre, pour moi, n'est pas un mot vide de sens, que tout le monde interprète à sa façon. Pour moi, l'ordre, c'est le maintien de ce qui a été *librement élu et consenti par le peuple, c'est la volonté nationale triomphant de toutes les factions*. Courage donc, habitants de Saint-Quentin ! Continuez à faire honneur à notre nation par vos produits industriels. Croyez à mes efforts et à ceux du gouvernement pour protéger vos entreprises et pour *améliorer le sort des travailleurs.* »

Cependant les factions s'agitent. Au sein de l'Assemblée législative, le suffrage universel vient d'être mutilé par la loi du 31 mai (1). Le pays commence à sentir qu'en conspirant contre Louis-Napoléon, tous les partis coalisés contre l'Empire conspirent en réalité contre le peuple. Dans son discours de Poitiers, le Prince-Président s'efforce encore cependant de rassurer les esprits. « Le salut du pays, dit-il, viendra toujours de la volonté du peuple librement exprimée, religieusement acceptée. Aussi j'appelle de tous mes vœux le moment solennel où la voix puissante de la nation dominera toutes les oppositions et mettra d'accord toutes les rivalités. »

Mais cette heure solennelle ne pourra jamais sonner si l'Assemblée qui a mutilé le suffrage universel continue à entraver l'œuvre populaire de Napoléon. On organise contre celui-ci des complots qui doivent empêcher le peuple de faire triompher sa volonté. L'élu de la nation prend les devants. Le 2 décembre 1851, la France apprend que l'Assemblée législative est dissoute, et elle lit sur tous les murs un décret ainsi conçu : « Au nom du peuple français : Art. 1er. L'As-

(1) Cette loi privait du droit électoral près de trois millions de citoyens. Elle fut élaborée par M. Thiers, qui flétrissait « la vile multitude. » Louis-Napoléon Bonaparte rétablit, le 2 décembre 1851, le suffrage universel qu'une Assemblée, élue sous la République, avait mutilé.

semblée nationale est dissoute. Art. 2. Le suffrage universel est rétabli. Art. 3. Le peuple français est convoqué dans ses comices. » C'est ce qu'on appelle le coup d'État du 2 décembre.

Ce décret est suivi d'une proclamation dans laquelle Louis-Napoléon s'exprime ainsi : « Mon devoir est de sauver le pays en invoquant le jugement solennel du seul souverain que je reconnaisse en France : *le peuple.* » Le peuple se prononce alors. Et, par plus de sept millions de suffrages, il dit à Louis-Napoléon : « Vous avez bien fait (1). »

Mais, comme nous l'avons vu pour Napoléon Ier, en élevant le fils de la reine Hortense au sommet de l'État le peuple a voulu relever l'Empire. Dès l'élection du 10 décembre 1848, les électeurs ont crié : *Vive l'Empereur !* En 1851, quand le Prince-Président parcourt le pays, toute la France répète ce cri. A Bordeaux, à Angoulême, partout enfin, les habitants des campagnes aussi bien que les habitants des villes réclament l'Empire comme le seul gouvernement qui soit légitime, selon les principes de 89.

La France veut l'Empire, elle l'aura. On consulte le pays. Il répond par près de huit millions

(1) Les députés eux-mêmes, qui avaient été arrêtés, étaient secrètement heureux du succès du coup d'État. Daniel Stern, dans son *Histoire de la Révolution de 1848,* rapporte que M. de Falloux disait à M. de Persigny, qui était venu le visiter dans sa prison : « Je l'avoue tout bas à cause de nos collègues, mais, au fond, je crois que vous avez bien fait. »

de suffrages affirmatifs. L'Empire est encore une fois fondé par le peuple.

En apportant au nouvel Empereur le résultat de ce grand plébiscite, M. Billault, président du Corps législatif, prononce le discours suivant : « Sire, nous apportons à Votre Majesté l'expression solennelle de la volonté nationale. Au plus fort des ovations que vous décernait l'enthousiasme populaire, peu pressé de ceindre une couronne qu'on vous offrait de toutes parts, vous avez désiré que la France se recueillît ; vous avez voulu qu'elle ne prît que de sang-froid, dans sa pleine liberté, cette suprême décision par laquelle *un peuple, maître de lui-même, dispose souverainement de sa destinée.* Votre vœu, Sire, s'est accompli : un scrutin *libre, secret,* ouvert à tous, a été dépouillé loyalement sous les yeux de tous : résumant en une seule huit millions de volontés, *il donne à la légitimité de votre pouvoir la plus large base sur laquelle se soit jamais assis un gouvernement en ce monde.* Depuis ce jour où six millions de voix, recueillies pour vous par le pouvoir qu'elles vous appelaient à remplacer, vous ont remis le sort de la patrie, la France, à chaque nouveau scrutin, a marqué par de nouveaux millions de suffrages l'accroissement continu de sa confiance en vous. En dehors comme en dedans de ses comices, dans ses fêtes comme dans ses votes, partout ses sentiments ont éclaté : d'un bout à l'autre du pays, se précipitant sur vos pas, accourant de toutes parts pour saluer, ne fût-ce que de loin, l'homme de leurs espérances et de leur foi, nos populations ont assez fait voir au monde que vous étiez bien leur Empereur, *l'Empereur voulu par le peuple ;* que vous aviez bien avec vous cet esprit national qui, au jour marqué par la Providence, sacre les nouvelles dynasties et les asseoit à la place de celles qu'il n'aime plus… »

L'Empereur a répondu : « Aidez-moi tous à asseoir sur cette terre bouleversée par tant de révolutions un gouvernement stable qui ait pour bases la religion, la justice, la probité, *l'amour des classes souffrantes.* » C'est le rétablissement de l'union du peuple et de l'Empereur.

V.

Le second Empire est fait. Nous n'avons pas à en retracer l'histoire. Cette histoire est écrite dans le cœur du peuple (1). Nul n'a oublié ce grand règne dans le cours duquel les populations des villes aussi bien que les populations des campagnes ont trouvé, par l'ordre et le travail, la tranquillité et la fortune. Ce sont les biens que l'Empire donne (2).

(1) Rappelons les faits : pendant les dix-huit ans du règne de Napoléon III, les revenus annuels de notre agriculture se sont accrus de plus de *deux milliards*, et la valeur du sol de plus de *vingt milliards*. C'est aussi par milliards qu'il faut compter l'augmentation du nombre et la plus-value des autres propriétés immobilières : maisons, usines, constructions de toutes sortes. L'industrie et le commerce ont prospéré plus rapidement et plus largement encore. Pendant ces dix-huit ans, leurs produits et leurs échanges se sont élevés de *quatre* à *dix milliards*, et les valeurs mobilières : titres de rente, actions, obligations diverses, se sont accrues de *quinze milliards*. Nos chemins de fer comptaient, en 1870, *douze mille* kilomètres de plus qu'en 1851. Nos canaux, nos routes, nos chemins de grande, de moyenne et de petite vicinalité, ont suivi la même progression. Le service de postes s'est étendu aux plus petites localités, et le réseau des lignes télégraphiques a couvert la France entière, etc., etc. *Ils en ont menti*, par un rural. (Amyot, éditeur.)

(2) Une année après le coup d'État, M. Schneider, rapporteur de la commission du budget, disait : « Partout la propriété, les capitaux, les bras, les intelligences sont à l'œuvre et redoublent

Si un coup d'œil rétrospectif est cependant permis à ce sujet, ne devons-nous pas constater ici que l'Empire peut seul faire le bien du peuple parce que seul il s'appuie sur lui. Tous les hommes politiques, impérialistes ou non, l'ont reconnu, et, parlant du premier Empereur, M. de Cormenin lui-même (1) s'est exprimé ainsi : « Le peuple aimait Napoléon Ier pour trois raisons. Il était sorti de sa souche ; il n'a jamais séparé la gloire du peuple de la sienne ; il a souffert pour la sainte cause du peuple français. Ce qui lui a attaché le peuple ce n'est pas le trône, c'est l'exil ; ce n'est pas Austerlitz, c'est Waterloo ; ce que le peuple aimait dans le héros, c'était le martyr. »

Parlant aussi de Napoléon Ier, Napoléon III a pu dire dans ses *Idées napoléoniennes* : « Aimé surtout des classes populaires, Napoléon pouvait-il craindre de donner des droits politiques à tous les citoyens ? Lorsque, nommé consul à vie, il rétablit le principe du droit d'élection, il proféra ces paroles remarquables : *Pour la stabilité du gouvernement, il faut que le peuple ait plus de part*

d'activité. Que dire de ce magnifique réveil du commerce et de l'industrie qui frappe tous les yeux ? Il n'y a plus d'ouvriers inoccupés ; ce n'est plus le travail qui manque, ce sont les hommes qui ne suffisent pas ; on n'avait pas osé perfectionner ses procédés, changer ses machines, accroître ses moyens de production, tant qu'on avait vécu sous des institutions politiques qui ne pouvaient garantir la sécurité du lendemain. Quelle transformation s'est opérée à la faveur du gouvernement stable dont l'Empereur a doté le pays ! »

(1) Cormenin, *Pamphlets*, édition in-8° de 1870, p. 323.

aux élections. Ainsi, déjà, en 1803, Napoléon prévoyait que la liberté fortifierait son pouvoir. Ayant ses plus chauds partisans dans le peuple, plus il abaissait le cens électoral, plus ses amis naturels avaient de chances d'arriver à l'Assemblée législative ; plus il donnait de pouvoir aux masses, plus il affermissait le sien. »

Napoléon Ier l'a bien compris d'ailleurs. Il savait que, comme devait le reconnaître plus tard l'héritier de sa couronne, « ses plus vrais amis étaient sous le chaume. » On n'a pas oublié les termes de son discours du champ de Mai, en 1815. « Empereur, consul, soldat, disait-il, *je tiens tout du peuple*. Dans la prospérité, dans l'adversité, sur le champ de bataille, au conseil, sur le trône, dans l'exil, la France a été l'objet unique et constant de mes pensées et de mes actions. Comme ce roi d'Athènes, je me suis sacrifié pour *mon peuple*, dans l'espoir de voir se réaliser la promesse donnée de conserver à la France son intégrité naturelle, ses honneurs et ses droits. L'indignation de voir ces droits sacrés, acquis par 25 années de victoires, méconnus et perdus à jamais, le cri de l'honneur français flétri, *les vœux de la nation* m'ont ramené sur ce trône qui m'est cher parce qu'il est le palladium de l'indépendance, de l'honneur et des droits *du peuple*. »

Et, après Waterloo, dans un retour sur le passé, Napoléon Ier recherchait s'il avait constamment travaillé au bonheur du peuple. « Moi-même, me suis-je demandé quelquefois, ai-je bien fait pour ce peuple malheureux tout ce qu'il avait droit d'attendre? Il a tant fait pour moi (1)! »

Oui, l'Empereur Napoléon Ier a fait pour le peuple tout ce que celui-ci attendait de lui (2). « Avec Napoléon, — dit le général Foy (3), peu ami du premier Empire, — avec Napoléon, on ne connaissait ni les vexations des subalternes, ni l'intolérance des castes, ni l'intolérable domination des partis. La loi était forte, souvent dure, mais égale pour tous (4). »

Napoléon Ier cherchait non-seulement à rendre conformes au principe d'égalité nos lois ou nos usages (5); il cherchait surtout à les rendre favo-

(1) *Mémorial de Sainte-Hélène.*

(2) « La France démocratique doit beaucoup à l'Empereur Napoléon. Elle lui doit deux choses d'un prix immense : au dedans l'ordre civil, au dehors l'indépendance nationale fortement établie par la gloire. » Guizot, *La Démocratie en France.*

(3) Foy, *Guerre de la Péninsule*, tome Ier, p. 18.

(4) Un ennemi de l'Empire, M. Edgar Quinet, s'exprime ainsi à ce sujet : « Une autre chose servit à conserver jusqu'au bout à Napoléon *le cœur des masses :* il ne connut pas la distinction impie de la bourgeoisie et du peuple. Jamais l'idée ne lui vint de partager le pays en riches et en pauvres, de se donner aux uns, de se défier des autres. Appliquant à la société son principe de tactique, il fit de tous les enfants de la France une seule masse, la grande nation, la grande armée, qui respirait, il est vrai, sous la mitraille, mais qui n'avait qu'un foyer, un drapeau, une âme. Y avait-il un pays légal et un pays illégal, des bourgeois et des prolétaires, à Marengo, à Austerlitz, à Iéna? Non; il y avait des hommes qui tous ensemble ont conquis, pour eux et pour leurs descendants, le droit de cité. »

(5) « Un jour que l'Empereur visitait le Prytanée de Saint-Cyr, il fut choqué de la différence qui existait dans l'habillement des élèves. Les uns avaient un costume recherché; les vêtements des

rables au plus grand nombre (1). « Je reconnais la nécessité, disait-il (2), de multiplier les propriétaires, qui sont les plus fermes appuis de la sûreté et de la tranquillité des États (3). » Et comme les beaux esprits riaient de cette incessante préoccupation, l'Empereur s'écriait : « Que m'importe l'opinion des salons et des caillettes? Je ne l'écoute pas, je n'en connais qu'une : *celle des paysans.* Tout le reste n'est rien (4). »

Raconter ici les grandes choses du règne de Napoléon Ier dépasserait le cadre de cette étude (5).

autres étaient en lambeaux. L'Empereur déclara qu'il ne voulait pas de distinction parmi les élèves ; que l'égalité devait être le premier élément de l'éducation ; et il fit donner à tous le même uniforme. » (*Idées napoléoniennes.*)

(1) « Je n'épouse aucun parti que celui de la masse, » disait Napoléon Ier. (*Mémoires* du duc de Rovigo.)

(2) *Procès-verbaux du Conseil d'État.*

(3) « Le système napoléonien consiste à faire marcher la civilisation sans discorde et sans excès, à donner l'élan aux idées, tout en développant les intérêts matériels, à discipliner les masses. » Lettre de L.-N. Bonaparte à la reine Hortense, 1836.

(4) Thiers, *Histoire du Consulat et de l'Empire.*

(5) « L'agriculture n'a cessé de faire de grands progrès sous l'Empire. *C'est par des comparaisons et des exemples,* disait Napoléon, *que l'agriculture, comme tous les autres arts, se perfectionne.* Il ordonnait aux préfets de lui faire connaître les propriétaires cultivateurs qui se distingueraient soit par une culture mieux entendue et mieux raisonnée, soit par une éducation plus soignée des bestiaux et par l'amélioration des espèces. Dans les départements qui étaient arriérés pour la culture, on engageait les bons propriétaires à envoyer leurs enfants étudier la méthode usitée dans les départements où l'agriculture était florissante. Des éloges et des distinctions étaient décernés à ceux qui avaient le mieux profité. Le Code rural, projeté dès 1802, fut soumis en 1808 à des commissions consultatives, formées dans chaque res-

Qu'il nous suffise de citer l'opinion suivante d'un historien : « Il semble que, pour sauver l'influence

sort de cour d'appel, et composées de juges, d'administrateurs et d'agriculteurs les plus distingués. Il ne put être achevé sous l'Empire... L'industrie non-seulement fut encouragée, mais on peut dire qu'elle fut en quelque sorte créée ; elle atteignit en peu de temps un degré extraordinaire de prospérité. L'Empereur releva l'industrie en faisant concourir les sciences à son amélioration. « Si l'on m'eût laissé le temps, disait-il, bientôt il n'y aurait plus eu de métiers en France; tous eussent été des arts. » En effet, la chimie et la mécanique furent sous son règne employées à perfectionner toutes les branches d'industrie. Aussi que de machines furent créées, que d'inventions virent le jour durant le régime impérial !... Les prix les plus élevés furent fondés pour encourager toutes les inventions. Une somme d'un million fut promise à l'inventeur de la meilleure machine pour filer le lin; un premier prix de 40,000 francs et un second de 20,000, à l'auteur de la machine la plus propre à ouvrir, carder, peigner et filer la laine. Il créa des manufactures de coton, qui comportent le coton filé, le tissu, enfin l'impression. Avant l'Empire, l'art de filer le coton n'était pas pratiqué en France; les tissus nous venaient de l'étranger. Le coton fut cultivé avec avantage au midi de la France, en Corse, en Italie ; on évalua en 1810 la récolte à 100,000 kilogrammes, etc. Napoléon ordonna qu'on fît des fouilles pour chercher du granit, et c'est à cet ordre qu'on doit les carrières qu'on exploite aujourd'hui. Les produits européens remplacèrent les produits exotiques; le pastel suppléa à l'indigo; la betterave fut substituée à la canne à sucre, et la garance à la cochenille ; les fabriques de soudes artificielles remplacèrent les soudes étrangères ; et maintenant tous ces différents produits sont, pour la plupart, une source de richesses pour la France. La fabrication du sucre de betterave s'élève à 50 millions de kilogrammes par an... Les travaux publics, que l'Empereur fit exécuter sur une si grande échelle, furent non-seulement une des causes principales de la prospérité intérieure, mais ils favorisèrent même un grand progrès social. En effet, ces travaux, en multipliant les communications, produisaient trois grands avantages : le premier, d'employer tous les bras oisifs et *de soulager ainsi les classes pauvres;* le second, de favoriser l'agriculture, l'inet la pensée de la Révolution, Napoléon Ier ait suscité l'âme de la nation, sollicité toutes ses ressources vitales, développé toute son activité corporelle et intellectuelle, philosophique et religieuse, morale et politique, commerciale et agricole, industrielle et artistique. Au spectacle de cette pensée, où président la science et le bon sens, où règne une lumière admirable, l'esprit s'arrête étonné, ému. Et, plus on pénètre dans l'idée de Napoléon Ier, plus cette émotion grandit. Car il y a vraiment quelque chose de touchant à voir cette pensée magistrale descendre, pour ainsi dire, jusqu'au simple foyer du pauvre, s'y asseoir, en étudier le malaise, en rechercher, par la protection accordée au sol, par cent institutions ingénieuses et charitables, le remède efficace, et laisser, en partant, sous le plus pauvre toit, une pensée de patrie, de gloire, de moralité, de travail et de bien-être (1). »

Par son souci des intérêts matériels et moraux du peuple, Napoléon III se montra peut-être supérieur encore au premier Empereur (2). Avant d'ar-

dustrie et le commerce, la création de nouvelles routes et de canaux augmentant la valeur des terres et facilitant l'écoulement de tous les produits; le troisième enfin était de détruire l'esprit de localité, et de faire disparaître les barrières qui séparent non-seulement les provinces d'un État, mais les différentes nations, en facilitant tous les rapports des hommes entre eux, et en resserrant les liens qui doivent les unir. » Napoléon III, *Idées napoléoniennes.*

(1) H. Castille, *Philosophie de la légende impériale.*

(2) « N'est-ce pas à Napoléon III que la classe ouvrière doit le complément de son émancipation, la suppression des entraves

river au trône, le prince Louis-Napoléon avait déjà esquissé son programme social dans un ouvrage sur l'*Extinction du paupérisme,* d'où nous nous bornons à extraire ces lignes : « La classe ouvrière ne possède rien, il faut la rendre propriétaire. Elle n'a de richesse que ses bras, il faut donner à ces bras un emploi utile pour tous. Elle est encore un peuple d'ilotes au milieu d'un peuple de sybarites, il faut lui donner une place dans la société et associer ses intérêts à ceux du sol. »

Dans ses *Idées napoléoniennes,* Napoléon III ajoutait : « L'identité des intérêts entre le souverain et le peuple, voilà la base essentielle d'une dynastie. Un gouvernement est inébranlable quand il peut se dire : Ce qui profitera *au plus grand nombre,* ce qui assurera la liberté des citoyens et la prospérité du pays fera aussi la force de mon autorité et consolidera mon pouvoir. »

Et, quand le prisonnier de Ham devint, par la volonté du peuple, chef de l'État, quand il put, dans une certaine mesure, réaliser ses vœux

que la Révolution de 89 lui avait encore laissées? N'est-ce pas lui qui l'a placée sur le pied d'une entière égalité de droits avec les patrons? Et que n'a-t-il pas fait pour multiplier, encourager, soutenir ces associations coopératives et de secours, qui rendaient déjà tant de services aux véritables travailleurs! Ceux qui se sont laissé abuser par les fausses doctrines des utopistes, dont l'unique but était d'exploiter la misère et les passions des masses, ne tarderont pas à reconnaître de quel côté se trouvait le véritable ami du peuple. Si Napoléon Ier a été la *révolution à cheval,* Napoléon III était la *démocratie couronnée.* » *Ils en ont menti,* par un rural. (Amyot, éditeur.)

philanthropiques (1), que ne fit-il pas ! Les sociétés de secours mutuels lui durent, en quelque sorte, l'existence. Le Crédit foncier, destiné à encourager l'agriculture, fut créé, etc. Plus tard, le principe du libre-échange vint, grâce à la seule initiative de l'Empereur, transformer notre commerce et notre industrie (2). D'ailleurs, dès l'é-

(1) « Au lieu d'applaudir à ces généreux sentiments, les adversaires de l'Empire les ont transformés en calculs égoïstes ; ils ont parlé de césarisme, de démagogie couronnée ; et ces prétendus amis du peuple, rappelant le mot du haineux Juvénal : *Panem et circenses*, montraient le suffrage universel se vendant pour une sportule. L'Empereur laissait dire et n'en continuait pas moins d'attaquer par tous les moyens le paupérisme, afin de restreindre de plus en plus le cercle fatal où la misère et le crime prélèvent pour la mort ou pour la honte leur dîme funèbre. Le budget des établissements généraux de bienfaisance fut doublé et, pour certaines branches du service, triplé ; en dix-huit années, on ouvrit cent cinquante-trois établissements hospitaliers nouveaux ; tout juste autant que les autres gouvernements en avaient fondé dans l'espace de soixante ans, de 1789 à 1850. Le traitement à domicile fut institué, bienfaisante innovation qui, laissant le malade au milieu des siens, donne plus de chances à la guérison, ou rend la mort moins affreuse. Les Asiles de Vincennes, du Vésinet, de Longchêne s'ouvrirent pour recevoir les convalescents et prévenir des rechutes fatales. En quelques années, cent cinquante mille individus y trouvèrent la santé complète et la force nécessaire pour reprendre leurs travaux. La médecine cantonale gratuite n'existait que dans deux départements, elle fut établie dans cinquante, etc. » Duruy, *Comment les Empires reviennent.*

(2) « Avant le traité de commerce, qui souleva tant de colères et fit naître tant d'injustes préventions, le commerce spécial de la France avec les puissances étrangères ne s'élevait qu'à 1 milliard 900 millions. Ce commerce dépassait 3 milliards 200 millions en 1866. La richesse du pays, dans les dix dernières années du gouvernement impérial, a pris un accroissement constant ; c'est au-

poque de sa présidence, Louis-Napoléon put dire au Conseil général de l'agriculture, du commerce et de l'industrie réunis à Paris : « Tout en prenant les mesures générales qui doivent concourir à la prospérité du pays, le gouvernement s'est occupé du sort des classes laborieuses. Les caisses d'épargne, les caisses de retraites, les caisses de secours mutuels, la salubrité des logements d'ouvriers, tels sont les objets sur lesquels, en attendant la décision de l'Assemblée, le gouvernement appellera votre attention. »

Dans un des voyages que le Prince-Président fit dans l'Ouest, un ouvrier d'Elbeuf lui adressa les paroles suivantes : « Au 10 décembre, nos ateliers étaient déserts, nos souffrances inouïes. La volonté nationale vous place à la tête de l'État, et cette heureuse inspiration ramène, avec l'ordre et la confiance, l'activité de l'industrie qui nous fait vivre. Le travail a déjà ramené parmi nous quelque bien-être ; nous vous en rendons grâces, monsieur le Président, et nous espérons en vous pour l'avenir, car nous savons que notre sort vous touche et vous préoccupe vivement. » Et le Prince-Président répondit : « Je suis bien touché des paroles que vous venez de m'adresser au nom des ouvriers d'Elbeuf. Vous ne vous trompez pas en

jourd'hui un fait incontestable ; et nous ne craignons pas d'avancer que c'est à l'épargne accumulée sous l'Empire qu'est due la facilité avec laquelle nous avons pu supporter les charges énormes de la guerre et trouver les capitaux nécessaires à notre rançon. » Octave Noël, *Revue de France*, novembre 1874.

pensant que ma sollicitude est acquise à la classe ouvrière ; mes efforts auront toujours pour objet d'améliorer sa position. »

Recevant les délégués de la Sologne, le Prince-Président pouvait dire encore : « Les intérêts des populations agricoles me sont chers partout ; mais une contrée souffrante et décimée par les fièvres appelait mes premières sollicitudes. J'ai voulu savoir directement et exactement quelle était l'étendue du mal. » Quel gouvernement, nous le demandons, s'est aussi constamment préoccupé que le gouvernement de Napoléon III des besoins de la classe ouvrière et des populations agricoles ?

Aussi le peuple montrait-il sans cesse sa fidélité envers l'Empereur. Non-seulement dans ses plébiscites, mais encore dans toutes les élections, il préférait aux candidats des anciens partis les candidats qui se disaient dévoués à l'Empereur. On a parlé, à ce sujet, de candidatures officielles ! Là, comme dans toutes les questions qui touchent, par exemple, à la liberté dont on jouissait sous l'Empire (1), l'Empereur a été calomnié. Jamais l'Empereur n'employa dans les élections les pressions administratives employées depuis le 4 septembre (2). Cela serait fort aisé à établir.

(1) Lire l'excellente brochure de M. Fernand Giraudeau, *Vingt ans de despotisme et quatre ans de liberté*. (Lachaud, éditeur à Paris.) M. John Lemoinne ne demandait-il pas récemment, dans le *Journal des Débats*, « la liberté comme sous l'Empire ? »

(2) Dans la récente élection des Hautes-Pyrénées (17 janvier 1875), le préfet de ce département faisait appeler tous les maires

Voici, par exemple, ce que ses ministres écrivaient aux préfets (1) : « Trois fois sacré par le suffrage universel, l'Empereur l'invoque toujours avec confiance. Quand, en 1851 et 1852, huit millions de suffrages lui livraient la couronne et les destinées du pays, il y avait, dans ce vote éclatant, cet amour mêlé d'orgueil que la France retrouvait au fond de ses entrailles pour la dynastie des Napoléon ; il y avait, entre elle et eux, le sentiment d'une *solidarité indissoluble* de gloire et de malheur ; il y avait aussi la peur de l'anarchie et l'espérance d'un gouvernement fort et *ami du peuple*. Aujourd'hui, c'est toujours le même prestige populaire autour des Bonaparte ; mais il y a, de plus, six années d'une administration féconde et glorieuse ; les palmes de la guerre et les fruits de la paix, une immense prospérité matérielle rehaussée par un merveilleux sentiment de notre grandeur nationale. La réalité a dépassé nos espérances. De tels résultats, qui devraient convaincre et rallier tous les esprits élevés, *sont parfaitement compris par les loyaux travailleurs de nos campagnes, par les intelligents ouvriers de nos villes*. Cette masse d'hommes laborieux, qui forme la large base du suffrage universel, a le sentiment profond de la préoccupation incessante

et leur disait : « J'ai fait appeler tous les maires ; je ferai appeler tous les instituteurs. *Je briserai tout ce qui me résistera.* » Ce qui n'a pas empêché, d'ailleurs, le candidat qu'il combattait, M. Cazeaux, impérialiste, d'être élu à une forte majorité.

(1) Circulaire de M. Billault, du 30 mai 1857.

de l'Empereur pour elle et des grandes choses qu'il fait pour le pays. Appelez-les tous au scrutin, monsieur le préfet, ils ont fait l'Empire, ils l'aiment, ils sauraient au besoin le défendre. »

Voilà en quoi consistait alors la candidature officielle. On rappelait au peuple qu'il avait fait l'Empire et que c'était à lui de le défendre. Et le peuple le défendait. Quel autre gouvernement pourrait parler ainsi ?

Aux élections de 1863, le ministre de l'intérieur (1) tint aux préfets le même langage que M. Billault : « Monsieur le préfet, disait-il, les élections qui se préparent vont être pour la France une nouvelle occasion d'affirmer devant l'Europe les institutions qu'elle s'est données. Dans cette circonstance, j'ai à peine besoin de vous rappeler les principes qui doivent vous servir de guide. Vous n'oublierez pas que l'Empire est l'expression des besoins, des sentiments, des intérêts des masses, et que, avant de rallier à lui toutes les forces vives de la nation, c'est dans la chaumière du peuple qu'il a été enfanté. »

Enfin, le plébiscite de 1870 montra que le peuple et l'Empereur sont toujours demeurés unis (2). En veut-on une dernière preuve ? Jamais, sous le premier comme sous le second Empire, il n'y eut la moindre émeute sérieuse (3), tandis que les

(1) Circulaire confidentielle de M. de Persigny, 18 mai 1863.

(2) Dans le plébiscite du 8 mai 1870, le peuple français répondit à l'appel de l'Empereur par 7,350,142 oui.

(3) Sous le premier Empire, « aucune troupe n'était nécessaire,

règnes de Charles X et de Louis-Philippe furent remplis de luttes sanglantes ou de complots (1); et que la République (celle de 1848, comme celle de 1870) a déchaîné la guerre sociale. Ce qui prouve bien, encore une fois, que l'Empire est le seul régime qui puisse également protéger la démocratie et l'ordre (2).

même dans les pays réunis. Le Piémont, la Toscane, Gênes, n'avaient pas 1,500 hommes de troupes. Dans le temps que l'Empereur était à Vienne, il n'y avait que 1,200 hommes de garnison à Paris. L'Empereur se promenait au milieu de la foule qui couvrait le Carrousel ou dans le parc de Saint-Cloud, dans une calèche à quatre chevaux, au pas, avec l'Impératrice et un seul page, au milieu de 150,000 spectateurs environnant sa voiture. Les contemporains l'ont vu. » (Thibaudeau, tome VIII, p. 176.) Sous le second Empire, les républicains *se plaignaient du calme* qui régnait en France. Nous n'inventons rien. Dans un procès fameux, M. Dufaure le disait carrément : « Navigateurs engourdis, nous mourons d'ennui dans le marasme et le *calme* plat. » Et, se souvenant de ce mot, M. Picard, plusieurs années après, s'écriait, à son tour, avec indignation : « Le pays est plongé dans un *calme* effrayant. »

(1) Émeute des paysans avec Didier, en 1816; conspiration *des patriotes* de 1816 ; troubles de Lyon en 1817; troubles de juin 1820 ; conspiration du 19 août; sociétés secrètes; complots de Saumur; conspiration de Belfort; second complot de Saumur; les quatre sergents de La Rochelle; troubles à Paris en 1822; barricades de 1827; révolution de Juillet; sac de l'archevêché en 1831; insurrection de Lyon; troubles de Grenoble en 1832; combats de juin 1832 ; insurrection des Mutuellistes; combats de la rue Transnonain ; émeute militaire de Vendôme; émeute des 12 et 13 mai 1839; troubles de 1841; affaire de Buzançais, etc.

(2) « L'Empire correspond exactement au tempérament de ce pays. Empruntant à la Monarchie sa force de résistance, à la République sa force d'initiative, également éloigné des abus de la première et des excès de la seconde, à la fois autoritaire et démocratique, il peut, tout en procurant aux intérêts la sécurité dont ils ont besoin, donner aux aspirations démocratiques toutes

VI.

Comment se fait-il qu'ainsi aimé du peuple, l'Empereur soit tombé? Comment se fait-il qu'après Sedan (1), Napoléon III, qui n'avait pas désiré

les satisfactions légitimes. Par sa force monarchique, par ses institutions appropriées aux exigences du temps présent, bien qu'elles paraissent d'ancien régime, il flatta le goût très vif que cette nation a gardé pour les souvenirs et les traditions d'un autre âge; par son origine populaire, il répond à ses instincts profondément égalitaires. Fondé sur le suffrage universel, il trouve dans la largeur de sa base et dans l'énergie de sa Constitution un frein qui lui permet de résister sans effort de réaction à l'entraînement des courants populaires. Bref, c'est le seul régime qui puisse sans inconvénient pencher du côté du peuple, et qui ait osé réaliser quelques-unes des grandes améliorations que l'état de notre société réclamait impérieusement. » A. Duruy, *Comment les Empires reviennent*.

(1) Sur l'attitude de l'Empereur à Sedan, on a essayé d'accréditer bien des calomnies. On a été, par exemple, jusqu'à mettre en doute le courage de Napoléon III! Les républicains eux-mêmes ont dû cependant constater que l'Empereur n'a jamais craint la mort. Ainsi, le correspondant républicain du journal *le Temps* écrivait, le 2 septembre 1870, à ce journal : « L'Empereur a *voulu mourir*. Le fait est maintenant avéré. La mort a passé près de lui comme près de Ney sur le plateau de Mont Saint-Jean, quand les boulets qu'il appelait s'obstinaient à l'épargner. » Le correspondant du *Times*, journal anglais, raconte qu'à la bataille de Sedan, « l'Empereur a fait preuve du *plus grand courage;* il a *en vain cherché la mort*. Un obus est venu tomber sous les pieds de son cheval. » Le *Journal officiel* de Berlin, du 8 septembre, dit que, « d'après des témoignages oculaires, à la bataille de Sedan, l'Empereur Napoléon s'est exposé à un tel point, que *son*

la guerre (1), ne se soit pas relevé, pas plus que Napoléon Ier après Waterloo?

C'est que le peuple a été trahi, aussi bien après

intention de se faire tuer était évidente. » Enfin, dans la lettre du publiciste allemand au *Standard,* nous lisons : « ... L'opposition a déclaré que la capitulation de Sedan avait été un acte de lâcheté de l'Empereur, et ce *mensonge,* accepté sans examen, fut une des bases de la République nouvelle. Cependant, personne ne l'ignore aujourd'hui, le courage froid de l'Empereur ne l'a pas abandonné dans cette terrible journée où croulait toute sa puissance. Pendant plusieurs heures, il s'est exposé au feu le plus violent, s'offrant ainsi à la mort. Il n'a pas voulu le suicide, soit ; c'est le refuge facile des orgueilleux et des égoïstes; mais quand il a dit : *Je n'ai pu me faire tuer à la tête de mes soldats...,* il a dit simplement une chose vraie. » Lire la brochure *Ils en ont menti,* par un rural. (Amyot, éditeur.)

(1) Lire à ce sujet le *Procès historique des auteurs de la guerre de 1870,* par Adam Lux. Toutes les citations de cette brochure prouvent que l'Empereur n'a fait que céder à la pression de l'opinion publique. Dans le *Correspondant,* par exemple, M. Léon Lavedan, aujourd'hui préfet, écrivait ceci : « *Nous sommes de ceux qui applaudissent à la ferme attitude adoptée par le gouvernement.* Nous sommes soulagés de nous sentir enfin redevenus Français. *Toutes les âmes patriotiques ont salué, comme la Chambre, la déclaration du pouvoir, en y retrouvant avec joie le vieil accent de la fierté nationale.* Si l'on réfléchit que les sentiments dont l'explosion vient de retentir étaient comprimés depuis quelques années dans toutes les poitrines, on ne s'étonnera pas que *le gouvernement lui-même* AIT CÉDÉ A L'ENTRAÎNEMENT UNIVERSEL. » L'*Univers* disait : « L'on ne peut nier que l'*opinion soit presque unanime* à réclamer une action énergique. Une guerre avec la Prusse serait populaire en France... L'*opinion publique serait déçue* si l'affaire venait à s'arranger par la diplomatie. » Enfin, M. de Girardin écrivait dans la *Liberté* : « *Si la Prusse refuse de se battre,* nous la contraindrons, A COUPS DE CROSSES DANS LE DOS, de passer le Rhin et de vider la rive gauche. »

Waterloo (1) qu'après Sedan. Les Russes avaient

(1) « La nouvelle du désastre de Waterloo et le bruit du retour de l'Empereur (dit M. de Vaulabelle, *Histoire de la Restauration,* tome III, p. 50) n'étaient arrivés aux habitants des quartiers populeux que dans les dernières heures de la matinée. *Un nombre considérable de citoyens, appartenant à la classe moyenne et aux classes ouvrières,* se rendirent immédiatement à l'Élysée pour solliciter des armes et demander à marcher contre l'ennemi. Les préoccupations *de M. de Lafayette et de ses collègues* étaient bien misérables auprès du sentiment qui inspirait cette foule; le patriotique instinct de ces braves gens ne les trompait pas. La France, après Waterloo, n'avait qu'un péril à conjurer : l'invasion; qu'un but à poursuivre, le maintien de son indépendance. Or, un seul homme, *dans la pensée du peuple et des soldats,* pouvait arrêter l'une et sauver l'autre. Aussi des acclamations frénétiques venaient-elles saluer Napoléon chaque fois que, dans sa promenade avec son frère, il paraissait à l'extrémité de l'une des principales allées du jardin. Il avait longtemps marché en silence. Enfin, Lucien lui dit : « Vous entendez ces cris? On vous demande des armes. On veut que vous dirigiez toutes les forces nationales. Il en est ainsi par tout l'Empire. » Lucien ne se trompait pas. « Suis-je plus qu'un homme, — lui répondit Napoléon en s'arrêtant et en répondant par un salut de la main aux cris enthousiastes de cette foule à qui un seul geste, un seul mot de lui auraient suffi pour emporter les deux Chambres, — suis-je plus qu'un homme *pour ramener à l'union, qui seule peut sauver la France, cinq cents députés égarés?* »

Dans le même volume, le même historien rapporte une conversation qui eut lieu, dans la soirée du 21 juin, à l'Élysée entre l'Empereur et Benjamin Constant. « L'Empereur, — ajoute M. de Vaulabelle, — parcourut rapidement les conséquences possibles de la dissolution des Chambres... En supposant même que l'armée pût se diviser, la portion qui lui demeurerait fidèle se grossirait, disait-il, de cette classe véhémente et nombreuse, toujours prête aux grands sacrifices, qui vit des travaux des champs et peuple l'atelier des villes. « Et comme si le hasard eût voulu fortifier Napoléon dans le sentiment des ressources que lui promettait cette résolution énergique, des cris frénétiques de : *Vive l'Empereur!* retentissaient dans toute la longueur de l'avenue

des amis dans la France de 1815, comme les Prussiens avaient des amis dans notre France de 1870 (1). Nous ne voulons pas récriminer; mais,

Marigny. La foule, bien qu'il fût nuit close, n'avait pas quitté les abords de l'Élysée. A la vue de Napoléon qui, dans sa promenade avec Benjamin Constant, s'était rapproché du mur de clôture, la masse d'hommes alors réunie autour du jardin, et qui, à cette heure de la soirée, appartenait, en grande majorité, à la classe ouvrière, avait été saisie d'un indicible enthousiasme. Eux aussi, pourtant, connaissaient la défaite de Waterloo. Mais ce revers, au lieu d'abattre leur courage, exaltait leur patriotisme, et, debout sur les parties les plus élevées de l'avenue, montés sur les murs du jardin, afin de mieux voir le glorieux vaincu, tous le saluaient de leurs acclamations, tous offraient de mourir pour la France et pour lui. Ces cris, poussés jadis au milieu des fêtes, se mêlant tout à coup à cet entretien sur l'abdication, formaient un contraste qui pénétra B. Constant d'une émotion profonde. Napoléon promena quelque temps ses regards sur cette multitude passionnée. « Vous le voyez, dit-il à son ancien adversaire, ce ne sont pas ceux-là que j'ai comblés d'honneurs et de richesses! Que me doivent-ils? Je les ai trouvés pauvres, et je les ai laissés pauvres. Mais l'instinct de la nationalité les éclaire, la voix du pays parle par leur bouche, et, si je le veux, *si je le permets, dans une heure la Chambre rebelle n'existera plus*.. Mais non, je ne suis pas revenu de l'île d'Elbe pour que Paris soit inondé de sang. » Vaulabelle, *Histoire des deux Restaurations*. Benjamin Constant, *Mémoires sur les Cent-Jours*.

(1) La *Gazette d'Italie*, qui était fort au courant des vues secrètes des républicains, disait, après nos premiers revers: « Jusqu'à la catastrophe de Sedan, les républicains de Paris attendaient avec anxiété les nouvelles du théâtre de la guerre, *tremblant* d'apprendre quelque *grande victoire de l'Empereur*, alors que toutes leurs espérances reposaient sur *sa défaite*, comme ne l'a que trop prouvé l'événement. » Dans le *Réveil* du 14 juillet, M. Delescluze n'a-t-il pas écrit : « Si les Prussiens sont battus, si le chassepot l'emporte, le gouvernement personnel deviendra plus exigeant que jamais et la liberté sera refoulée dans les limbes. » Ce grand citoyen ne craignait qu'une chose, que les Français fussent vainqueurs ! « Périsse la France, pourvu que la République

pour ne parler que des derniers événements, il est bien certain que les Prussiens ont trouvé dans les hommes du 4 septembre (1) les alliés les plus utiles pour renverser cet Empire (2) que le peuple avait

triomphe et que nous soyons les maîtres ! » Telle a toujours été la devise de nos révolutionnaires. Un publiciste allemand écrivait, à cette époque, dans le journal anglais le *Standard :* « Les republicains français flairaient dans les désastres de leur patrie les seuls moyens qui leur restaient de satisfaire leurs vengeances et d'assouvir leur ambition. » *Ils en ont menti,* par un rural, quarantième édition. (Amyot, éditeur à Paris.)

(1) « J'ai entendu cette parole : « Nous souhaitons un Waterloo ! » Et ce n'étaient point là des mots en l'air : ce qui a été dit avant les victoires qu'on craignait, on l'a répété après les désastres qu'on souhaitait. Quelle haine anti-patriotique devait donc bouillonner dans le cœur des purs démocrates, quand un pâle libérâtre, un monarchico-constitutionnel pouvait écrire à la fin de décembre 1870 cette phrase infâme que le pauvre vieillard eût bien dû emporter dans sa tombe déjà entr'ouverte : « L'année 1870 qui a renversé l'Empire n'a pas été tout à fait stérile... Nos malédictions doivent se mêler de quelque gratitude; tout compte fait, nous la bénirons ! » Au reste, je n'ai que faire des paroles quand les faits sont là pour montrer à qui ont profité ces désastres; après Sedan, le 4 septembre; après Metz, le 31 octobre, ou l'essai de la Commune ; après Paris, la Commune elle-même. Ainsi, chaque fois que la France descend d'un degré dans l'abîme, l'idée républicaine monte d'un degré vers la fortune. » A. Duruy, *Comment les Empires reviennent,* p. 77. Lire aussi *Les Hommes du 4 septembre,* par Albert Rogat. (Lachaud, éditeur.)

(2) « Ce ne sont pas les artisans, dit un publiciste, ce ne sont pas les artisans qui ont renversé le gouvernement impérial : ce sont (outre les Prussiens) les fruits secs de toutes les carrières, des avocats comme Peyrouton, des médecins comme le docteur Tony Moilin et le docteur Goupil, des journalistes comme Delescluze, Maroteau, Vermersch, Vallès, des professeurs comme Flourens, des artistes comme Courbet, des officiers rayés des cadres comme Lullier, des vaudevillistes comme Rochefort, des employés de commerce comme Jourde, des acteurs comme Lisbonne. D'ouvriers, point. »

fondé et dont le maintien eût sauvé la Lorraine et l'Alsace (1).

Quoi qu'il en soit, l'Empire n'a jamais été renversé par la France (2). Et Napoléon III, pensant à

(1) On sait qu'une dépêche, arrivée de Saint-Pétersbourg au ministère des affaires étrangères, à Paris, le 4 septembre 1870, promettait à l'Impératrice Eugénie l'intervention amicale de la Russie pour sauvegarder « l'intégrité du territoire français. » Mais, du jour où la Russie apprit que Napoléon III avait été renversé, elle nous retira son concours. D'ailleurs, on a, sur la question de savoir si l'on pouvait éviter de perdre l'Alsace et la Lorraine, l'aveu de M. Jules Favre lui-même. Dans la séance de l'Assemblée nationale du 16 juin 1871, M. de Valon affirma que M. Jules Favre lui avait raconté, à Bordeaux, que « M. de Bismark aurait fait la paix, au mois de septembre 1870, sans exiger d'autre cession de territoire que Strasbourg et sa banlieue. » Le lendemain, M. Jules Favre, invité à répondre, avoua que ce que M. de Valon rapportait était vrai. Ce n'est donc pas l'Empire qui a perdu l'Alsace et la Lorraine, ce sont, de leur propre aveu, les hommes du 4 septembre.

(2) « La base de notre état social et politique, depuis 89, est la *souveraineté nationale*. Quelques mois avant la révolution du 4 septembre, la nation s'était prononcée, pour la troisième fois et à la presque unanimité, en faveur de l'Empereur, de sa dynastie et de la Constitution impériale. Pour détruire cette Constitution, pour renverser l'Empire, il fallait la volonté de la France. Est-ce la France qui a fait la révolution de septembre ? Quelques députés, ayant pour auxiliaire un général qui tenait son autorité de l'Empereur, et pour appui une bande d'émeutiers qui, plus tard, les ont chassés de Paris, se sont emparés du pouvoir suprême. Telle est l'origine du gouvernement des nouveaux *Septembriseurs*. Ils étaient à peine installés qu'ils prononçaient la déchéance de l'élu du peuple, qu'ils expulsaient les représentants légaux de la nation et proclamaient, sur les ruines de la Monarchie que voulait la France, la République dont elle ne voulait pas. La volonté particulière de ONZE hommes, et quels hommes ! se substituait ainsi à la grande volonté du pays. » *Ils en ont menti*, par un rural. (Amyot, éditeur.)

la chute du premier Empereur, a pu écrire dans ses *Idées napoléoniennes* : « C'est une consolation pour ceux qui sentent le sang du grand homme couler dans leurs veines, que de penser aux regrets qui ont accompagné sa disparition. Elle est enorgueillissante, la pensée qu'il a fallu tous les efforts de l'Europe combinée pour arracher Napoléon Ier à cette France qu'il avait rendue si grande ! Ce n'est pas le peuple français qui a sapé son trône, il a fallu deux fois *douze cent mille étrangers* pour briser le sceptre impérial. »

Grâce à Dieu, ce sceptre n'est pas brisé (1). Il y a, dans une modeste habitation de Chislehurst, une femme et un jeune homme qui sont les dépositaires de la grande pensée de l'Empereu La tradition napoléonienne possède toujours ses interprètes autorisés, et le peuple, dont on ne saurait proclamer la déchéance (2), dès qu'on lui

(1) A la mort de Napoléon Ier, on avait dit : « L'Empire, c'est l'Empereur. L'Empereur mort, l'Empire n'est plus possible. » Cependant, malgré ces prophètes, l'Empire est revenu. A la mort de Napoléon III, on a fait les mêmes prophéties. « Le parti bonapartiste a vécu, disait la *République française* en apprenant ce grand événement, il n'y a plus de parti bonapartiste. » — « L'Empire est bien mort, » ajoutait le *Rappel*. — « Il n'y a plus d'Empire, » disait l'*Univers*. Et cependant, aujourd'hui, l'Empire paraît si bien ressuscité, que les chefs du parti républicain et les chefs du parti orléaniste, poussés uniquement par la peur de l'Empire, se coalisent contre lui !...

(2) Dans la séance du 23 décembre 1874, l'illustre M. Rouher s'écriait : « Je n'attaque point le vote de déchéance, je m'y soumets... Mais probablement *vous n'avez pas la prétention de prononcer la déchéance de la nation !* Et si la nation veut revenir à nous, elle n'a pas besoin de votre consentement; si elle

demandera s'il veut voir revenir l'Empire, répondra, comme il l'a déjà fait, par sept ou huit millions de « Oui. »

La pensée napoléonienne, qui rattache le peuple à l'Empereur et l'Empereur au peuple, vit toujours, avons-nous dit. Il nous suffit, pour le prouver, de citer les deux phrases suivantes du discours prononcé, le 16 mars 1874, à Chislehurst, par S. A. le Prince Impérial : « Le plébiscite, c'est le salut et c'est le droit ; c'est la force rendue au pouvoir et l'ère des longues sécurités rouverte au pays : c'est un grand parti national, sans vainqueurs ni vaincus, s'élevant au-dessus de tous pour les réconcilier. *La France, librement consultée, jettera-t-elle les yeux sur le fils de Napoléon III ?* Cette pensée éveille en moi moins d'orgueil que de défiance de mes forces. L'Empereur m'a appris de quel poids pèse l'autorité souveraine, même sur de viriles épaules, et combien sont nécessaires, pour accomplir une si haute mission, la foi en soi-même et le sentiment du devoir. C'est cette foi qui me donnera ce qui manque à ma jeunesse. Uni à ma mère par la plus tendre et la plus reconnaissante affection, je travaillerai sans relâche à devancer le progrès des années. Quand

veut revenir à l'Empire, elle n'a pas besoin de votre permission : elle est maîtresse, elle est souveraine. Elle est maîtresse, elle est souveraine, et tout le monde doit s'incliner devant elle... Et quel que soit le pouvoir qu'elle fonde, monarchie ou république, ceux qui attaqueront le pouvoir constitué par elle seront de véritables factieux. »

l'heure sera venue, si un autre gouvernement réunit les suffrages du plus grand nombre, *je m'inclinerai avec respect devant la décision du pays. Si le nom des Napoléon sort pour la huitième fois des urnes populaires,* je suis prêt à accepter la responsabilité que m'imposerait le vote de la nation. »

Ces déclarations si loyales et si franchement démocratiques termineront cette esquisse historique des rapports du peuple et de l'Empereur. On a vu que tous les représentants de l'Empire se sont faits les apôtres et parfois les martyrs du même principe; ce principe, c'est la souveraineté du peuple.

Tandis que les royalistes ont toujours refusé d'accorder à la France le droit d'être consultée sur la forme de son gouvernement (1); tandis que les républicains ont toujours évité de demander directement à la France si la République lui con-

(1) « Les légitimistes refusent de reconnaître que la souveraineté, c'est-à-dire le droit qu'a un pays de de disposer de lui-même et de choisir son gouvernement, réside dans le peuple tout entier; et ils attribuent cette souveraineté à M. le comte de Chambord, représentant d'une famille qui a sans doute longtemps régné sur la France, mais qui a été deux fois renversée, avec les idées surannées dont elle était la représentation. Les orléanistes refusent également d'accorder au peuple entier, réuni dans ses comices, le droit de faire choix d'un gouvernement approprié à ses vœux et à ses besoins, et ils prétendent réserver ce droit à une assemblée délibérante, n'eût-elle pas reçu la mission spéciale et expresse de faire une Constitution. C'est ainsi qu'en 1830, ce parti éleva au trône Louis-Philippe, par la seule autorité de la Chambre des députés, et sans avoir consulté la nation. » Granier de Cassagnac, *Le Seize Mars à Chislehurst.*

venait (1), l'Empire, au contraire, a toujours été fondé par le peuple, et son dernier représentant, autour duquel tant de Français se sont pressés sur la terre d'exil (2), dit encore : « Je ne reviendrai que si le nom des Napoléon sort pour la huitième fois des urnes populaires. »

(1) « De son côté, le parti républicain, avec un faux semblant de démocratie, marche dans la voie des légitimistes et des orléanistes. Deux fois, en 1848 et 1870, il s'est emparé du gouvernement de la France par la violence, et il a toujours refusé de faire sanctionner son usurpation par le peuple. Le principal chef qu'ait eu ce parti, le général Cavaignac, porta à la tribune de l'Assemblée, en 1848, l'étrange doctrine de ses adeptes : il soutint que la République n'avait pas besoin, pour s'établir, du consentement de la nation, et qu'elle existait par elle-même, envers et contre tous. La conséquence de cette doctrine était que les hommes, devenus des brutes, dépourvus de tout libre arbitre, seraient attachés, soudés à la République, comme les huîtres à un rocher ; et que les républicains, ou ceux qui se disent tels, seraient, par droit de naissance, les maîtres et seigneurs de ceux qui ne partagent pas leurs opinions. » Granier de Cassagnac, *Le Seize Mars à Chislehurst.*

(2) « M. le comte de Chambord atteignit ses dix-huit ans le 29 septembre 1838. M. le comte de Paris atteignit ses dix-huit ans le 24 août 1856. Qui donc en France s'occupa de ces deux anniversaires? Aux obsèques du roi Charles X, mort à Goritz, le 6 novembre 1836, il n'y eut qui que ce soit en dehors du cercle des serviteurs de la famille. Aux obsèques du roi Louis-Philippe, mort à Claremont, le 26 août 1850, il y eut quarante-deux personnes, anciens ministres ou familiers. Aux obsèques de Napoléon III, mort à Cambden-Place, le 9 janvier 1873, il y eut *quatre mille* Français. A la fête célébrée en l'honneur de la majorité de son fils, le Prince Impérial, il y en eut *sept mille :* c'est le chiffre donné par tous les journaux anglais. C'est que Charles X et Louis-Philippe étaient les souverains des coteries. Les Napoléon représentent la nation. » Granier de Cassagnac, *Le Seize Mars à Chislehurst.*

Voilà pourquoi nous étions fondé à déclarer, dans les premières lignes de ce livre, que « *seul* l'Empereur a toujours reconnu que la souveraineté du peuple est la source unique de toute légitimité. » Et voilà pourquoi nous pouvons répéter que si la démocratie française a trouvé dans la Révolution de 1789 son affranchissement et ses principes, elle n'a trouvé, elle ne retrouvera son gouvernement que dans l'alliance du peuple et de l'Empereur.

FIN.

Angoulême, Imp. A. NADAUD. — G. CHASSEIGNAC et Cie, Srs.

www.ingramcontent.com/pod-product-compliance
Ingram Content Group UK Ltd.
Pitfield, Milton Keynes, MK11 3LW, UK
UKHW031939260826
14628UKWH00004B/1725